基于林改的森林资源可持续经营技术研究系列丛书

总主编　宋维明

林权制度改革后南方集体林经营管理模式与机制研究

胡明形　陈文汇　刘俊昌　周　峻　著

中国林业出版社

图书在版编目（CIP）数据

林权制度改革后南方集体林经营管理模式与机制研究/胡明形等著．—北京：中国林业出版社，2014.12

（基于林改的森林资源可持续经营技术研究系列丛书/宋维明总主编）

ISBN 978-7-5038-7824-4

Ⅰ．①林…　Ⅱ．①胡…　Ⅲ．①集体林－产权制度改革－经营管理－研究－中国　Ⅳ．①F326.22

中国版本图书馆 CIP 数据核字（2015）第 011951 号

策划编辑　徐小英

责任编辑　徐小英　梁翔云

美术编辑　赵　芳

出版　中国林业出版社（100009　北京西城区刘海胡同 7 号）

网址　lycb.forestry.gov.cn

E-mail　forestbook@163.com　**电话**　010-83143515

发行　中国林业出版社

印刷　北京中科印刷有限公司

版次　2014 年 12 月第 1 版

印次　2014 年 12 月第 1 次

开本　787mm×960mm　1/16

印张　11

字数　209 千字

印数　1～1000 册

定价　55.00 元

基于林改的森林资源可持续经营技术研究系列丛书
编撰委员会

《林权制度改革后南方集体林经营管理模式与机制研究》
作者名单

胡明彤　陈文汇　刘俊昌　周　峻

总　序

被誉为中国农村“第三次土地革命”的最新一轮集体林权制度改革是一场举世瞩目的深刻变革。我国于2003年启动了该项工作的试点，在2008年开始全面推进，至今已有十余年。如今，我国集体林权制度改革工作已经取得显著进展，对推动农村社会经济发展和提高居民生产生活水平具有重要价值，在建设生态文明和美丽中国中也具有重要作用。

十余年栉风沐雨。我国这一轮集体林权制度改革的十余年，也是一个不断探索、不断发展、不断完善的过程。集体林区一直是我国重要的木材资源供应基地之一，也是我国珍稀濒危及特有野生动植物的重要分布范围。林改后，森林资源经营管理方式发生了显著改变，许多新问题也由此而来，特别是如何在坚守生态红线的前提下提高集体林区资源培育、经营与保护效率，在当前也十分具有挑战性。因此，集体林权制度改革的发展给相关的技术革新和政策体系建设提出了新的需求。

为此，我们实施了林业公益性行业科研专项项目“基于林改的森林资源可持续经营技术研究”，从森林资源培育—生产经营—保护—服务及相关平台建设角度为集体林权制度改革提供全方位理论及技术支撑，开展了六个方面研究，即基于林改的森林多功能经营技术研究与示范、基于林改的资源供给与规模化经营模式研究、基于林改的野生动植物生境保护技术研究与示范、林权改革后森林资源经营的改变对环境的影响及其优化技术研究、集体林区政策性森林灾害保险制度设计与保费精算技术研究、基于林改的信息服务体系及综合信息服务平台建设。

依据这六个研究方面，项目组成员对项目成果进行了精心凝练，并整理形成了本系列丛书，共包括6册专著，即《林权制度改革对环境的影响及其经营优化研究》《林权制度改革后南方集体林经营管理模式与机制研究》《基于林改的资源供给与规模化经营模式研究》《基于林改的野生动物保护技术与对策研究》《林改区域典型树种森林碳储量监测技术研究》《面向林改的林业信息服务体系及平台构建》。其中，《林权制度改革对环境的影响及其经营优化研究》探讨了林权制度改革后对森林生态环境的影响以及环境影响评价、优化技术与制度保障体系；《林权制度改革后南方集体林经营管理模式与机制研究》选择南方集体林权制度改革的典型区域，从林农角度对森林资源经营管理的方案编制、经营合作组织、经营管理人力资源和融资等四个方面进行了深入调查分析，对南方集体林区林权制度改革后经营管理的现状和未来发展进行了深入探讨；《基于林改的资源供给与规模化经营模式研究》探讨了我国木材供需预测分析、林权制度改革对我国集体林区木材供给的影响、南方集体林区速生丰产用材林经营模式以及集体林权制度改革后林农合作组织；《基于林改的野生动物保护技术与对策研究》涉及我国野生动物及栖息地保护相关政策评估，林权改革对野生动物种群、行为和栖息地的影响，林改后野生动物栖息地保护与补偿调查，以及林改后我国野生动物栖息地保护技术与政策保障等；《林改区域典型树种森林碳储量监测技术研究》以杉木、马尾松、毛竹和落叶松为研究对象，提出森林碳汇计量的示范性方法体系，利用建立生物量模型以及测定评估参数，全面估算森林生物量，从而掌握典型树种森林生物量和碳储量的空间分布格局，以及随林龄等林分因子变化的动态规律，最终构建一个以地面样地调查为主体、以生物量和遥感模型估算为补充的碳汇功能计量和评价体系；《面向林改的林业信息服务体系及平台构建》从应用的角度对林改后基层林业单位对信息服务的需求进行深入细致的分析和研究，建立了相应的实用型系统并构建了信息服务平台。

虽然每册专著各有侧重，保持了各自的内涵、外延与风格，但它们也相互联系，具有理论性、知识性、经验型和政策性的共同特点，旨在全面介绍我国集体林权制度改革工作的发展背景、历程与现状，从森林资源培育、生产经营、生物多样性保护、环境保护、信息服务体系与相关平台建设等方面提出完善我国集体林权制度改革工作的技术与政策体系，为各级政府部门、林业生产经营与保护单位提供决策参考与工作指南，以推动我国集体林权制度改革工作的健康有序发展，并促使其在建设生态文明中发挥更大的作用。

本系列丛书的出版，得到林业公益性行业科研专项项目“基于林改的森林资源可持续经营技术研究”（NO. 200904003）的资助。感谢国家林业局有关领导对本项目和本系列丛书的关心、支持与指导！感谢项目组的所有成员！感谢所有关心与支持本项目、本系列丛书的专家、学生和朋友！

由于时间与编撰水平限制，这套丛书在理论观点、知识体系、论据资料、引证案例或其他方面可能还有错误、疏漏和不当之处，恳请广大读者批评指正。

2014 年 11 月

前　言

森林资源作为森林生态系统的物质基础，是一种重要的生态资源，发挥多种生态效益；同时，森林资源又是一种重要的经济资源，为人类提供木材和种类繁多的林产品，满足经济建设和人民生活的需求。森林资源与国家的生态安全和木材安全直接相关，是林业可持续发展的根基，也是社会经济可持续发展的重要保证。随着社会经济的发展，森林资源的供求矛盾越来越突出，严重制约了森林资源的可持续发展。科学编制与实施森林经营方案，是实现森林资源可持续经营的有效途径，也是实施林业可持续发展战略的有效措施和手段。

南方集体林区林权制度改革后，林权的分散、林地的碎片化难以满足森林经营的规模化要求。如何在林权改革后，既保障森林经营者的权益，又能实现森林资源的科学经营已成为森林经营管理的关键问题。面对上述问题，本书选择南方集体林权制度改革的典型区域，按照分层抽样的方式选取样本，对省、县（市）、乡镇、村及农户进行实地调查，分析了南方集体林区林权制度改革后经营管理的现状和存在的问题。在此基础上，从林农角度对森林资源经营管理所涉及的森林经营方案编制与实施、林业合作组织、森林经营管理人力资源和森林经营投融资等四个方面进行了探讨，提出了在保障森林资源关联各方利益的前提下，实现森林资源可持续经营管理的制度设计和政策建议。

参与本书内容研究的除作者外，还有北京林业大学博士研究生于江龙、许单云，硕士研究生蒋莉莉、牛娜娜，他们在问卷调查、资料整理等方面做了大量工作。在此，对他们的辛苦劳动表示特别的感谢！

需要特别说明的是，本书所基于的课题研究持续了 5 年，书中部分内容也是几年前的调查与分析结果，有的观点、建议目前可能已成现实。为了反映研究过程及当时的研究成果，研究内容在成书出版时并未进行删减。同时由于我们水平有限，书中不足和错误在所难免，希望广大读者不吝指正。

作　者

2014 年 12 月

目　录

第 1 章

研究背景与意义

森林资源是生态建设的物质基础，是林业可持续发展的根基。随着经济的发展，社会对森林资源不断增长的需要与可采森林资源趋向贫乏的矛盾越来越突出，出现了林种结构单一、林地生产力退化等一系列森林资源问题，严重制约了森林资源的可持续发展。森林资源经营模式是实现森林资源可持续经营的有效途径，科学编制与实施森林经营模式，是永续经营利用森林资源、提高森林经营能力的需要，也是实施林业可持续发展战略的有效措施和手段，了解并掌握森林经营模式，对促进中国现代森林经营的发展和实现森林资源的可持续经营具有重要的借鉴意义。

森林经营模式是实行森林资源可持续经营的具体措施，对森林资源的经营，保护具有重大意义。森林是多功能、多效益的统一体，研究森林的经营模式，有利于森林综合效益的发挥。通过对国内外的变化及其现状的阐述，达到挖掘林业自身发展潜力、提高森林资源质量和林地生产力、优化森林资源结构和效益的目的，研究成果为开展同类森林经营提供理论依据，对于指导森林经营、促进森林持续经营水平的提高具有重要意义。尽管我国专家学者对森林经营模式陆续开展了一些研究，为后续研究提供了具有普遍意义的指导，但是系统研究可以借鉴的资料有限，对经营模式的编制方面的内容很少，因此，如何制定森林经营模式，不仅有利于丰富和完善森林经营的理论与实践，对森林的经营具有良好的参考与借鉴意义。

同时，林权制度改革后，我国森林资源的经营管理问题再次成为森林经营和林业发展的核心问题之一。目前，集体林区森林的权属(土地使用权和林木的所有权)归属一家一户，而且各家各户拥有的森林资源面积较小，无论是从经营户的能力还是从资源本身看，都很难进行科学合理的经营管理。面对上述问题，如何在林权制度改革后森林资源，既保障森林经营者的权益，又能实现森林资源的科学经营成为森林经营管理的关键问题。本研究正是在森林资源权属明确以后，选择南方集体林权改革的典型区域，按照分层抽样的方式选取样本，对省、县(市)、乡镇、村及农户进行实地调查，选择从林农角度对森林资源经营管理的方案编制、经营合作组织、经营管理人力资源和融资等四个方面进行了深入调查分析，特别是通过对林农的问卷调查，对南方集体林区林权制度改革后森林资源经营管理的现状和未来发展进行了深入探讨。在此基础上，提出了在保障森林资源关联各方利益的前提下，实现森林资源科学有效管理的制度设计和政策建议。

第 2 章

森林经营模式研究进程及实践情况

森林资源经营模式是森林经营思想在林业经营管理实践中的具体体现，依据特定的森林经营思想，形成了与之相对应的森林经营模式。自 18 世纪末以来，世界各国的森林经营逐步由木材利用（经济利用）向多效益林业方向发展，但因国情、林情的不同，不同的国家所采取的森林经营模式也不同。根据森林永续利用思想形成了森林永续经营模式；根据森林多效益主导利用经营思想，形成了森林“分类经营”模式或“森林多效益主导利用经营”模式；根据“尊重森林生态系统自身的规律”的思想，德国提出了“近自然林业”经营模式；在森林可持续发展思想指导下，美国提出了“森林生态系统经营”模式和“森林多效益综合经营”模式，许多国家与国际组织倡导实施“森林可持续经营”模式。上述各种森林经营模式也是现代林业发展过程中居于主导地位、具有代表性森林经营模式。

2.1 森林永续经营模式

森林永续经营又称永续经营、永续作业，是森林经理工作的基本原则，是指生产作业和木材生产收获的不断继续，其最基本的含义是：连续、均衡的木材产出，即采伐量等于生长量。永续经营的目的是追求最高木材产量的持续性和稳定性。它的提出最初仅着眼于木材生产。随着现代林业生产的发展，其内容不断扩大。在集约经营条件下，森林永续利用包括：合理利用林地，不断提高林地生产力；持久和相对均衡地供应木材，并在森林资源扩大再生产的基础上适当扩大采伐量；合理经营利用其他林副产品及森林动物；保持森林生态平衡，发挥和扩大森林的防护特性和卫生保健功能；逐步提高林业生产的经济效果，增加林业收益等（J. L. Clutter，1983；W. A. Leuschner，1984）。

2.1.1 森林永续经营模式的研究进展及实践

这种模式是以森林永续经营理论为指导，追求纯经济利益，实行以获得木材为目的的森林永续经营。永续经营是指在再生资源生长范围内的合理收获。永续经营是根据平衡理念实现资源永续再生。永续经营仍是许多国家，特别是北欧各国林业经营模式。1669 年，法国率先颁布了《森林与水法令》，明确规定森林经营原则是，既要满足木材生产，又不得影响自然更新。木材采伐的极限和永恒生产首次被列入国家法规。17 世纪中期，德国因制盐、矿冶、玻璃、造船业等工业的发展，对木材的需求量猛增，开始大规模采伐森林。德国虽有严厉的森林条例，但是工业发展对森林的破坏远远超过了数千年农业文明对森林的破坏程度，不论是君主林还是私有林、公有林都出现了过伐。任何森林法规都不能遏止这场破坏，这一时期就是森林利用史上所谓的“采运阶段”。这种对经济利益的追求，给森林带来了前所未有的灾难性破坏，从而导致了 18 世纪初的震动德国全国的“木材危机”。“木材危机”使人们认识到森林资源也不是取之不尽用之不竭的，只有在大力培育的基础上适度开发利用，才能使森林资源持续地为人类发展服务。由于危机的出现，促使林业工作者对过去的森林经营理念和林业发展的自然规律进行了反思和探索。1795 年，德国林学家 G·I·哈尔蒂希（G. I. Harting）提出为实现木材永续利用，提倡在人力的干预下对森林资源进行人工更新，提出营造生长迅速、单位面积产出量大的人工纯林，用以在短时间内获得高产和高效益。并且，人们在高效益的诱使下把原始林也砍伐改成人工林，这在 18 世纪德国造林工作中起着主导的作用。1826 年，J·C·洪德斯哈根在总结前人经验的基础上，指出森林永续经营基本要求在一个作业级内，每一林分都符合标准林分要求，要有最高的木材生长量，同时不同年龄的林分，应各占相等的面积和一定的排列顺序，要求永远不断地从森林取得等量的木材。洪德斯哈根主张应以此作为衡量森林经营水平的标准尺度。19 世纪末 20 世纪初，瓦格涅尔再次作了补充，提出了法正林的条件和实现永续生产的模式标准。根据这一模式制定的施业案，成为林业先进国家经营林业的重要参考。法正林学说的基本要求是：在一个作业级内的森林，必须具备幼龄林、中龄林、成熟林三种，并且三种林的面积应该相等，地域配置要合理，符合林学技术要求，具备最高的生长量，使作业级内保持一定的蓄积量，实现森林的永续经营利用。法正林概念由德国林学家提出并广泛应用于生产实践，在德国森林经营学科和生产领域中主导了 100 多年。法正林是森林实现永续利用的一种理想状态。但现实林往往是各式各样的，很少象法正林模式那样分布，它在导向法正状态过程中要等待几十年，特别是树种、龄级比较复杂的天然林，在导向状态时为了形成龄级阶梯状态，不是采伐旺盛的中龄林就是近熟林，使生长缓慢的成、过熟林不得不留下来的不正常情况。尽管如此，法正林学说对森林永续利用是有价值的，年采伐量等于年生长量就能实现永续利用这个原理，对世界各国都有现实意义（陈柳钦，2007；J. L. Clutter，1983；W. A. Leuschner，1984）。

森林永续经营成为欧美国家100多年来实施经营同龄林和追求森林资源永续利用的理想森林结构模式，对各国林业的发展产生了巨大的影响。这一经营主要考虑到的是森林蓄积的永续利用，以木材经营为中心，忽视了森林的其他功能、森林的稳定性和真正的可持续经营。

2.1.2 森林永续经营模式的适用范围

永续经营模式实质是为了追求纯经济利益，实行以获得木材为目的的森林永续经营。其中心思想是追求纯经济利益，实行以获得木材为目的的森林永续经营。

木材经营上遵守合理采伐量；野生动物管理上的合理猎杀量；放牧地、湿地及森林游憩地的载荷量；水资源经营的入库量等都是永续经营的例子。

2.1.3 森林永续经营模式的实现条件

J. L. Clutter (1984)及W. A. Leuschner(1983)对森林永续利用的实现条件进行了系统阐述：在一个经营单位内实现永续利用，最关键的条件是要有理想的森林秩序，包括空间秩序和时间秩序。具体内容可分同龄林和异龄林两种类型：①同龄林类型的理想秩序。古典的理想森林结构模型是法正林。这方面的理论于1826年由德国林学家洪德斯哈根在总结前人经营森林经验的基础上正式提出，1841年由C·海尔发展成完整的学说。法正林结构有4个条件：在龄级分配上，经营单位内从幼龄林到成熟林各林分的面积应相等；在林分排列上，经营单位内各林分在地域(空间)上的配置应有利于采伐集材、天然下种及防风等要求；各个不同龄级林分的生长量应与年龄高低成正比，即法正生长量；在达到上述3个条件的情况下，各林分的蓄积量必然与林龄成正比，而最老龄级的蓄积量必然等于各龄级林分生长量的总和即法正蓄积量。但法正林虽是多年来森林经理工作者所追求的标准模式，实际却由于生态环境的变化和人类的技术活动，林木生长不可能长期停止在一个稳定状态而难以实现。因此，根据永续利用原则的要求，只能对现实森林不断进行调整。美国的一些森林经理学者就多以调整林代替法正林。法正林是最终模式；而调整林则是不断改进的，没有最终模式。②异龄林类型的理想秩序。异龄林林分具有不同龄级的林木结构。为实现其永续利用，要求林分中的小、中、大各径级林木蓄积比例合理。据法国林学家A·吉尔诺和瑞士林学家H·毕奥利的实验，小、中、大径级林木的蓄积比例以2:3:5最适宜。多年龄、多径级相对稳定的树木群体构成森林群落，能完整地保持森林的生态平衡，通过定期择伐，维持永续利用。

符合永续利用原则的空间秩序和时间秩序，只能通过森林经理工作，把造林、育林、采伐、更新各个生产环节联系起来，在长期规划的基础上，采取多种措施逐步实现。其中最重要的措施是确定合理的森林采伐量，通常称为森林收获量调整。具体措施因同龄林、异龄林而有不同。对同龄林的措施：主要包括：①确定主要树种。经营同龄林一般为纯林。在现实天然林分中，占优势的树种未必是应发展的主要树种，为此要根据立地质量和经济条件确定主要树种，再通过采伐、更新、抚育间伐等措施，逐步使所确定的主要树种占优势。人工林则不存在这个问题。②确定合理的作业法。一般采用伐区式作业法，主要有皆伐作业法、渐伐作业法和留母树作业法3类。③确定轮伐期。是调整现实林时间秩序的一种措施，其主要依据是林木的成熟龄和现实林的龄级结构。④确定森林采伐利用量。目的是使现实林的时间和空间秩序达到永续利用的要求。⑤确定伐区排列顺序。在考虑有利于天然下种、防风和运输的条件下，通过伐区的安排，把各个龄级所占面积比例调整到均匀地步，构成空间顺序合理的龄级序列。

对异龄林的措施：采用择伐作业法。根据所确定的回归年的长短，可分为集约择伐和粗放择伐。森林采伐量利用检查法调整，以林分在一定期间内的生长量为标准来控制采伐量。异龄林分的生长量用同一标准、同一方法测定，以此为定期的择伐量。通过定期择伐，调节林分株数，控制径阶分布比例，逐步达到异龄林的理想林分结构。异龄林有利于维持森林生态平衡，在林分结构上不应限于纯林，针叶阔叶混交林更能发挥森林的多种效益，但具体措施则要复杂得多。

2.1.4 森林永续经营的方法

(1)平分法亦称区划轮伐法，是森林永续利用最简单、最古老的方法。据我国《齐民要术》中记载，早在6世纪对杨树的经营就采用“岁种三十亩，三年九十亩，一年卖三十亩……周而复始，永世无穷”的经营方式。14世纪的德国、法国的区划轮伐法，17世纪日本德川时代的番山制度都相当于这种方法。这种简单的面积区划轮伐法主要应用于阔叶薪炭林经营，采伐后利用天然更新，几十年后又可收获利用。1759年贝克曼提出材积配分法，把林木分为可收获的林木与未成年林木，现有的未成林木生长到可收获林木的期间应与可收获林木的收获期间相等，这样可收获林木伐尽之前，已有部分未成林木生长成为可收获林木，从而使轮伐期各年间能得到相等的收获量。18世纪末，相继出现了材积平分法、面积平分法和折中平分法，前两种方法是将轮伐期分为若干施业期(分期)，然后将全林材积或面积平分于各分期，每个分期的收获相等。折中平分法吸取了材积平分法的长处，要求实现材积永续收获的同时，还谋求在将来实现面积的法正状态。

(2)法正林属于同龄林的经营类型，还应有一个树种、轮伐期和作业法。法正林经营的条件(http://www.china001.com):第一，法正龄级分配，每年持续收获定量木材，又保持龄级结构不变。第二，法正林分排列要有利于森林跟新、保护和作业，如采伐方向与风向相反，这样有利于利用风力天然下种，保护幼树，并便于采伐木材。第三，各林分有与年龄相应的正常生长量，每年采伐最老林分，也就是每年收获总生长量，并且每年收获相等，又不破坏法正状态，永续利用是有保障的。第四，各林分有与年龄相应的正常蓄积量，各林分的蓄积量等于生长量之和。采伐量与蓄积量之比与轮伐期成反比。采伐量与蓄积量之比通常可用于粗略计算一个经营类型的年伐量，但必须是龄级结构接近均匀(法正状态)的条件才能适用，否则相差较远。法正林模型是实现森林永续利用，特别是用材林经营原则的最优状态，但现实林往往各式各样的，很少像法正林模式那样分布，在导向法正状态过程中需要几十年，因为森林调整(往往是通过采伐或更新)的过程相当缓慢，特别是树种、龄级比较复杂的天然林，在导向法正状态过程会对经营上造成不应有的经济损失，在这种情况下按照传统观点去追求法正林模式，必然与永续利用原则和经济效益原则发生矛盾。况且法正林模式本身有严重的不足：①法正林在现实林中很少见到，也是不容易在短期内实现的一种理想森林结构，它要求条件过于苛刻，世界上除斯堪的纳维亚国家，如瑞典等少数国家外，一般很少见到；②要求的采伐面积和更新面积相等；③法正林本身只从森林内部条件出发来考虑森林的永续利用的，没有考虑到社会经济条件的可持续发展。

2.2 近自然经营模式

在近自然林业的经营理念和林业科学理论的指引下，为了实现更科学的森林经营，根据森林生态系统的自然演替规律，使“人类的一切经营活动要使森林内起作用的力量达到和谐”，以森林生态系统的稳定性、生物多样性和系统多功能及缓冲能力分析为基础，以整个森林的生命周期为时间设计单元，以目标树的标记和择伐及天然更新为主要技术特征，以永久性林冠覆盖、多功能经营和多品质产品生产为目标的森林经营体系。它强调在进行森林培育时要建设混交林，要尽量接近森林的自然状态。在进行天然林森林资源利用时要多采用经营择伐，尽量减少人类活动对森林资源的影响。在森林内部不仅存在强烈的竞争，更重要的是存在着和谐的协调和协作。

2.2.1 近自然经营模式的研究进展及实践

1882年德国慕尼黑造林学教授卡尔·盖耶尔(Gayer K，1822~1907)在其所著的《造林学》(1980年)中，不仅主张通过遵循自然法则经营，而且更侧重时间对森林经营全过程的论述，批判了当时在林业中占支配地位的皆伐模式，而主张采用单株择伐作业。真正提出“近自然的生产林”这一新名词并给予阐明的是德国林学者克吕茨(1986～1952)他坚持“首先采伐最纯的林木，保持较好的林木”，把萨克林州变成了适应自然林业的发源地。1898年，德国科学家嘎耶(Gayor)率先提出了“人类应尽可能地按照森林的自然规律来从事林业生产活动”的近自然林业经营，强调尊重森林生态系统自身的规律，实现生产可持续和生态可持续的有机结合。他认为，人工林的多样性低，稳定性差，造成生态功能低下；人工林虽然速生，但地力消耗大，无法实现林木的可持续利用。发展近自然林业就可以避免传统人工林的这些弱点(陈柳钦，2007)。

德国西部有些州采用这个理论，制定了相应的林业政策。瑞士、匈牙利、波兰、挪威、奥地利、法国等国家都不同程度地采用了这种经营(李荣玲，2003)。19世纪末、20世纪初，除德国南部外，还有瑞士、奥地利在开始用盖耶尔的近自然林业理论进行实验。1900年以后，瑞士在苏黎世造林学教授埃恩勒尔(Anord Engler)的影响下已普遍向近自然林业转变。奥地利的维也纳森林也是近自然林业的典型。“近自然林业”经营理念直到20世纪中后期才真正得到推广并得以广泛实践。1949年在德国成立了“适应自然林业协会”，这个以近自然林业为宗旨的组织，到1989年发展成为一个由欧洲10个国家的人员组成的国际组织。而比较有规模的试验是在1972年出现特大风灾伐除风倒木后开始的，同时森林生长模拟研究也随之兴起。这类试验的成功促使德国与欧洲的林业方针从20世纪90年代开始全面转向近自然林业经营。几十年来，“接近自然的林业”经营方法已取得了初步成果。1989年，欧洲近自然林业工作联盟(PROSILVA)成立，由10个国家的33名专家、学者组成，其主要任务是：促进对森林生物共栖生态规律的研究；协调林业研究项目；筹措研究基金；向欧洲共同体和有关部门提出建议；加强国际合作。德国莱波恩德古特(Lerbundgut，1989)指出：“接近自然的造林方式能在永续前提下，完成森林的一切任务。”，并明确区分了“接近自然”与“顺应自然”两种概念。他认为“顺应自然”表示在各个方面都与自然相适应，即免除人类的影响；而“接近自然”则表示一片森林只是在保存自然结构关系所允许的情况下偏离自然前提的。Goppinghous(1990)认为：“接近自然的林业是自然保护的重要途径，因为这样经营的森林，可使其经营方式和土地结构更好地贴近自然保护。”森林资源持续性评价就是对森林自然程度的判别，例如天然更新面积的百分比等。因为“纯粹自然的林业”的持续性是显而易见的，天然林在人类没有出现之前就已经存在，而且一直延续到今天。1997年5月末，欧洲近自然林业工作联盟(PROSILVA)在荷兰阿拍尔多恩召开了第二届国际会议。有

30 多个国家的400 名代表参加了会议。会议的主要议题是：按近自然林业的方针，实现森林的可持续经营。目前，欧盟各国普遍采用了近自然林业经营的方法（陈柳钦，2007）。

2.2.2 近自然经营模式的基本原则

许新桥(2006)对近自然森林经营的基本原则做了具体阐述，主要包括：

(1)珍惜立地潜力、尊重自然力。所谓立地潜力，就是指现有立地条件下的自然生长力。近自然林业是以充分尊重自然力和现有生境条件下的天然更新为前提的，是顺应自然条件下的人工对自然力的一种促进。因此，掌握立地原生植被分布和天然演替规律，是近自然林业经营的基础。顺应自然的森林经营，原则上要避免破坏性的集材、整地和土地改良等作业方式，以保护和维持林地的生产力。始终顺应自然而不是逆反地经营森林，在造林前要研究自然的树种谱和选择谱内的混交树种结构。林分越是接近自然，树种的关系越和谐，也更易达到适地性。

(2)因地适树。近自然林业所指的因地适树，不是我们笼统理解的以种活为原则的“适地适树”。所谓“因地适树”，是指根据立地条件下的原生植被分布规律发现的潜在天然植被类型，选择或培育在现有立地条件下适宜生长的乡土树种。近自然林业倡导使用乡土树种，也不完全排除外来树种，但对外来树种的引进十分谨慎，即使是理论上认为适合现有立地条件群落自然演替的外来树种引入，也需要在局部区域范围内进行充分种植试验和群落适应观察，分阶段小心谨慎地进行。因此，近自然经营下形成自然生态群落的树种应该以本地适生的乡土树种为主，并尽可能提高其比重。

(3)针阔混交、提高阔叶树的比重。针阔混交搭配可造就生产力高、结构丰富的森林。特别是增加阔叶树种，可为立地提供更多的枯枝落叶腐殖质肥料，增强林地肥力；加上近自然林业保护原有天然植被、顺应自然更新，能更好地增加森林生态系统的生物多样性，有利于建立起更加稳定的植被群落，从而能增强森林生态系统自身对病虫害等自然灾害的消化和控制能力，减少病虫害等自然灾害的发生；同时，增加阔叶树种，降低了植被群落的油脂含量，将更有利于减少和降低森林火灾的发生。

(4)复层异龄经营。近自然林业要求林分结构要由单层同龄纯林转变为复层异龄混交林。近自然林业在混交造林的基础上，还要求复层异龄经营，复层林的形成主要通过保护原生天然植被、错落树种混交配置和异龄经营等措施来实现，通过择伐和更新促进初级林分的异龄化，进一步增强林分的复层化。复层异龄经营一方面显著提高了林分的抗风灾能力，有利于森林防护功能的不间断的持续发挥，另一方面也有利于林分内合理的自然竞争，促进目标树木的生长，不同龄级林木的演替生长，增强了木材生产的可持续供给和森林的可持续经营。

(5)单株抚育和择伐利用。单株抚育管理和择伐利用的原则，是与复层异龄经营相一致的经营原则，是促进木材生产的可持续供给和森林可持续经营的具体措施，同时意味着持续的抚育管理，且以培育大径级林木为主，使每株树都有自己的成熟采伐时点，都承担着社会效益和经济效益，大大提高了木材经营的质量和森林的综合效益。

(6)发展恒续林结构，促进不均性和层次，采用优化的采伐和抚育方案。发展异种异龄的恒续林，为不同的树种制订适宜的抚育和采伐方案，能使森林形成不同的垂直高度和不同的树冠幅度，在保证森林覆盖地面的前提下可持续地提高木材产量。

近自然林业的经营方法在德国是成功有效的。一是利用择伐增加了大径级木材的产量，对林地面积较小的经营者来说，还改变了几代人经营培育、一代人受益的情况，更合理地解决了永续利用的问题。二是通过择伐和更新，把同龄林改为异龄林，显著地提高了林分的抗风灾能力，也更有利于森林防护功能的不间断的持续发挥。三是大大节约了造林费用(主要依靠天然更新)、林木管护费用、森林病虫害和森林火灾防治费用。四是提高了林地生产力，因为择伐老树时，幼林已经有一定的生长量。五是更能灵活地适应市场，近自然林业不搞一次性大面积皆伐，而是根据市场的需求变化进行适时的择伐。

与18世纪以来的人工林业相比较，近自然林业摒弃了出于纯人本主义的无限度向自然索取最高木材产量的观点，而转向自然主义与人本主义相结合的以保持森林自然生态结构为本的有限索取；从经营技术而言，近自然林业要使现有的与自然相悖的人工林恢复为天然林，并逐渐趋向进展演替，其操作原则是尽量不违背自然的发展：林分越是接近自然，各树种间的关系就越和谐，与立地也就越适应，产量也就越大。当森林达到一定的发展阶段，即使在纯林中或在林阶较少时，许多立地也会呈现出自然现象。

2.2.3 近自然经营模式的实现条件及方式

完整的森林经营目标需要从保护和利用两个方面进行考虑，因为一方面需要通过可持续的经营途径获得木材和其他林产品，另一方面也需要维持森林的自然特性以保持良好的生态环境。近自然森林经营可表达为“在确保森林结构关系自我保存能力的前提下遵循自然条件的林业活动”，是兼容林业生产和森林生态保护的一种经营模式。近自然森林经营的核心是以一种理解和尊重自然的态度来经营森林，使其达到接近自然的状态；其经营的目标林分是异龄复层混交林，手段是应用"接近自然的森林经营法"。"接近自然"是指在经营目的类型计划中使该地区群落主要的本源树种得到明显表现。它并不是回归到天然的森林类型，而是尽可能使林分建立、抚育、采伐的方式同"潜在的自然植被"的关系相接近；要使林分能进行接近生态的自发生产，达到森林生物群落的动态平衡，并在人工辅助下使天然物质得到复苏，最大限度地维护森林的物种多样性。

"近自然林业"的经营方法是：尽量利用和促进森林的天然更新，从幼林开始就选择目的树，整个经营过程只对选定的目的树进行单株抚育，内容包括目的树种周围的除草、割灌、疏伐和对目的树的修、整枝。对目的树个体周围的抚育范围以不压抑目的树个体生长并能形成优良材为准则，其余乔灌草均任其自然竞争，天然淘汰。在高密度大数量中充分进行自然选择，在自然选择的基础上加上人工选择，保证经营对象始终是遗传品质最好的立木个体。其他个体的存在，有利于提高森林的稳定性，保持水土，维护地力，并有利于改善林分结构及对保留目的树的天然整枝。总之，人工选择加上自然选择。由于应用"近自然林业"经营方法时，充分利用了适应当地生态环境的乡土植物，因此，群落的稳定性好，并在最大程度上保持了水土，维护了地力，提高了生物物种的多样性(http://www.hudong.com)。

2.3 森林分类经营模式

这种模式是以林业分工论和多效益理论为指导，具体特点是通过发挥森林的多种效益来满足社会的各种要求，但对不同地区、不同林分、不同树种，则只突出其主导功能，如有的以木材生产为主导功能兼顾其他功能，而有的则以生态效益或社会效益为主导功能兼顾生产功能。

2.3.1 森林分类经营模式的研究进展及实践

20世纪70年代后期，美国W·海蒂根据"效益标准"提出，对所有林地不能采用相同的集约经营水平，只能在优质林地上进行集约化经营，同时使优质林地的集约经营趋向单一化，导致经营目标的分工(I. R. Hunter，2005)，1975年，美国克劳森等人主张在国土中划出少量土地发展工业人工林，承担起全国所需的大部分商品材任务，称为"商品林业"；其次划出一块"公益林业"，包括城市林业、风景林、自然保护区和水土保持林等，用以改善生态环境；再划出一块"多功能林业"。他们认为，"永续利用"思想是发挥森林最佳经济效益的枷锁，大大限制了森林生物学的潜力，若不摆脱这种限制，就不可能使林地和森林资源发挥出最佳经济效益。

20世纪80年代，在美国林业分工论的指导下，经营转向微观和宏观双向发展。所谓“微观”，即通过集约林业——工业人工林的比较经济优势的评估，展示出它不仅对世界未来的木材供应，而且对环境改善和自然保护可能将发挥作用。微观研究结果表明，人工林具有良好的经济效益，特别是热带和南半球地区。人工林将对世界木材长期供应产生强大的影响。今后，要阻止木材需求量的增长以减缓对世界森林的压力，可以说前景渺茫；只有提高森林的产量，才有良好的前景。所以，有许多国家都致力于营造工业人工林。现代林业正从采伐天然林走向培育工业人工林。所谓“宏观”，即把世界林业纳入其研究范围，对全球森林资源的动态演变和时空调整及林产品国际贸易格局的变化等问题做出具有预见性的回答。R·塞乔等人认为，当今世界林业正在经历二三千年前农业所经历的转变，正像农业从采食、狩猎走向种植、养殖一样，现代林业也正从采伐天然林的木材生产走向集约经营人工林的木材生产，人工林的发展隐含着林业经济和不同木材生产比较优势的重大变化及其森林资源的重新组合。

在许多国家和地区的林业生产实践中，都有着成功实施林业分类经营的典型案例，在此以新西兰为例。新西兰自1982年实行分类经营，利用18%的国土发展人工林，解决98.8%的用材，实行政企分离政策，撤销了成立70年的林务局，成立了林业部主管政策，林业公司主管商品林，保护局主管公益林，由政府进行扶持。美国的商业林实行“短轮伐集约经营”“园艺式集约经营”。泰国将商业性林业与公益性林业分别实行企业化和事业化经营。其他如澳大利亚、马来西亚、奥地利、日本、俄罗斯、南非、智利、巴西、刚果等，都不同程度地实行分类经营(陈柳钦，2007)。

世界各国的森林经营模式将有很大差异。如中欧国家可能强调森林多效益利用，而北欧国家将偏重集约经营人工林；美国落基山区将森林多效益利用为主，而南部和太平洋西北部地区将偏重于集约经营人工林；有些国家将采取适合本国生物和社会条件的森林经营模式。他们同时预测21世纪“森林资源向南移，木材向北流”的格局，即南美洲和非洲人工林所产木材将以欧洲为主要出口市场；大洋洲和东南亚所产木材主要出口到日本；北美洲将美国开拓市场，并将在欧洲和日本市场同其他出口国进行竞争。根据“林业分工论”而倡导的森林多效益主导利用模式，又分为不同类型的发展模式，即：法国模式和澳新模式。法国根据“林业分工论”把国有林划分三大模块，即：木材培育、公益森林和多功能森林，其特点是采取森林多效益主导利用的发展模式；澳大利亚和新西兰模式(简称澳新模式)被誉为新型林业发展模式，其主要特点是，根据“林业分工论”把天然林与人工林实分类管理，即天然林主要是发挥生态、环境方面的作用，而人工林主要是发挥经济效益。

2.3.2 森林分类经营模式适用范围

森林分类经营模式的本质特点是通过发挥森林的生态、社会以及经济等多种效益来满足社会的各种要求，在森林分类经营上，较以往多划分了公益林、商品林这两大类型，但对不同地区、不同林分、不同树种，则只突出其主导功能，如有的以木材生产为主导功能兼顾其他功能，而有的则以生态效益或社会效益为主导功能兼顾生产功能。但人们在观念上不明确，经营上也没有很好的分别管理，对于这两类森林及林木没有制定行之有效的规范去约束人们的行为，因而，两类林界定不严，区别不大。

2.4 森林多效益综合经营模式

这种模式是以森林多功能经营理论，生态系统经营理论为指导，充分发挥森林的多种效益，实行综合经营，此模式强调同时发挥森林经济、社会和生态三大效益。

2.4.1 森林多效益综合经营模式研究进展及实践

美国于20世纪60年代制定了森林多种效益经营的法规，前苏联、罗马尼亚等国也有相类似的举措。德国的林业经营理论在世界各国中产生了很大的影响，第二次世界大战后，美国、瑞典、奥地利、日本、印度等国都采用森林多效益理论，制定新的林业发展战略，取得了很大进展。

1811年，德国林学家科塔(Cotta，1763～1844)早就主张营造混交林，但是并未引起重视。1833年，德国科学家科尔也曾批评针叶纯林造林运动，他指出："近年来由于灾害或目光短浅等原因，德国一直把健康和永续的阔叶林变为针叶林，这与大规模开发森林一样，至少使森林失去了应有的特征。"1867年，奥拓·冯·哈根认为林业经营应兼顾持久满足木材和其他林产品的需求，以及森林在其他方面的服务目标。1933年，在德国正准备实施的《帝国森林法》中明确规定：永续地、有计划地经营森林，既以生产最大量的用材为目的，又必须保持和提高森林的生产能力；经营森林尽可能地考虑森林的美观、景观特点和保护野生动物；必须划定休憩林和防护林。也就是强调要使林业木材生产、自然保护和游憩三大效益一体化经营。后来因第二次世界大战爆发，此法案未能颁布实施，但对以后的影响是深远的。德国林业政策学家第坦利希于1953年提出的，认为国家必须扶持林业，木材生产和社会效益服务是林业的双重目标。第坦利希系统阐述了森林与社会其他方面的关系，提出了林业应服务于整个国民经济和社会福利的理论，林业研究应重视森林与人类的复杂关系，森林的作用不只是物质利益，更应重视它对伦理、精神、心理的价值。1960年，美国颁布了《森林多种利用及永续生产条例》，利用森林多效益理论和森林永续利用原则实行森林多效益综合经营，标志着美国的森林经营思想由生产木材为主的传统森林经营走向经济、生态、社会多效益利用的现代林业。1975年，德国公布了《联邦保护和发展森林法》确立了森林多效益永续利用的原则，正式制定了森林经济、生态和社会三大效益一体化的林业发展战略。1976年美国联邦政府颁布了《国家森林资源管理法》，明确了为增加木材生产而进行的集约经营要以森林的综合利用和永续生产为原则，对森林的集约经营必须兼顾经济和环境两方面的利益，在保证经济效益的同时，还要确保森林的生态效益和社会效益。并规定要把国有林的计划和管理与公众的参与结合起来。针对全球保护环境的浪潮，1985年美国著名林学家J·福兰克林(J. F. Franklin)根据他40年来对美国西北部针叶林的森林经营、森林生态系统和景观生态学的研究，以及针对美国现行林业政策的利弊而提出来的。它强调生态效益和社会效益的综合发挥，强调林业多功能兼顾，建立合理的森林形态和森林结构(陈柳钦，2007)。

随着经济的发展，木材需求量在不断增加，美国国有林也不断增加森林采伐量。采伐方式基本是皆伐，缺乏生态系统保护和景观考虑。另外，在中西部国有林内的过度放牧也产生了对生态系统的破坏。国有林的这些经营方式受到环境保护组织和很多研究者的批判。20世纪70年代，生态系统经营一词开始出现在环境保护组织的出版物中。但是当时的生态系统经营仅局限于单纯的环境保护。随着环境的不断恶化，人们不得不摒弃传统的经营模式，80年代末，生态系统经营受到许多学者、森林经营者及环境保护组织的支持。生态系统经营把人类对林产品和服务的需要与生态系统健康的长期保护综合为一体，形成森林经营历史上的一次重大转变。生态系统经营重视人文社会科学在森林经营中的作用，承认人类是生态系统的有机组成，并在其中扮演重要角色；重视系统等级序列和生态过程，以上生态系统保护和恢复为重点，确保森林生态系统完整性，保护生物多样性。重视综合资源经营，维持森林的全部价值和功能。重视社会需求，根据政策、法规等制定经营目标，而不是根据传统以木材生产为主的做法。生态系统经营的核心是生态系统的长期维持与保护，是森林可持续经营的一条生态途径。加拿大、芬兰等国家也在开始森林生态系统经营的试验研究与实践。

2.4.2 森林多效益综合经营模式的适用范围

由于这种模式同时考虑森林三大效益，所以也看做森林标准经营模式，效果良好。这种模式适用于追求综合效益。该模式的特点为：一是保证森林的永久性、持续性和均匀性的利用效果，满足人民对木材和林产品的长远需求，永久保证森林对气候、水土、空气的保护效益及游憩；二是企业以最小的成本取得最大的经济效益；三是尽可能保证森林发挥最大的生态效益，并通过改善森林结构确保其经济效益。它的主要特点是将森林看作一个完整的生态系统，以社会需要为基础，根据政策、法律等制定管理目标，综合考虑生态、经济和社会效益，在具体实践中重视公众的参与和协作。

2.4.3　森林多效益综合经营模式的实施条件

森林多效益综合经营模式尽管考虑了生态、社会、经济三大效益，但它的实施必须具备一定的条件，如森林分布要很均匀、集约化程度要高，国家经济实力要雄厚，采取经济扶持政策等。因此，实行这种经营模式的国家不多(雷加富，2002)。

2.5　森林可持续经营模式

在可持续经营理论的指引下，为了实现更科学的森林经营，针对全球森林资源及其所保护环境的严重破坏、生物多样性迅速减少、生命支持系统受到进一步破坏等生态环境的严峻形势。大家清醒地认识到，各国应尽快制定策略和政策来制止森林退化和砍伐，增强森林效益，提高林地生产率和鼓励森林保护、管理和森林的可持续发展。它把林业的三大功能，把当代人的利益和后代人利益及人类与森林的和谐共处全部纳入了研究的范围。

2.5.1　森林可持续经营模式研究进展及实践

1992 年，在巴西里约热内卢召开的联合国环境与发展大会上，强调森林可持续发展是经济持续发展的重要组成部分，森林是环境保护的主导，森林是各部门经济发展和维持所有生物必不可少的资源。森林和林地应采用可持续方式进行经营管理，以满足当代和子孙后代在社会、经济、文化和精神方面的需要。关于森林可持续经营(forest sustainable management，简称 FSM)的概念国内外有多种解释。1990 年 4 月，加拿大林学会在《关于森林可持续发展的政策声明》中，把森林可持续经营定义为：“……保证任何森林资源的利用成为生物学意义上的可持续经营。这种经营确保生物多样性，并为未来的各种森林资源提供同样的可利用土地。”但这个定义未能全面地考虑到社会科学和有关社会可持续性方面的问题，所以是不够完善的。Rodolphe Schlaepfer 博士对森林可持续的内涵进行了深入的研究，他认为：“可持续经营是一种服务性工作，从某种意义上讲，森林可持续经营可定义为，在地区、国家和全球水平上维持森林的多样性、产量、再生能力、活力及其所能开发的潜力，在现在和未来维持有关生态、经济和社会效能，并且不会对别的生态系统造成影响”。他这个观点已被《21世纪议程》《森林问题原则声明》等公约所采纳。1993年欧洲林业部长级会议和1995年加拿大蒙特利尔高级专家研讨会基本上也都接受了 Rodolphe Schlaepfer 博士的观点。《森林问题原则声明》(1992)：森林资源和林地应当可持续地经营以保障当代和下一代人的社会、经济、生态、文化和精神的需求。这些需求是森林产品和服务，如木材、木材产品、水、食物、饲料、药品、燃料、庇荫、就业、休憩、野生动物生境、景观多样性、碳库和自然保护区，以及其他森林产品。应该采用适宜的措施来保护森林免遭污染的有害影响，如源于大气的污染、火、病虫害等，来保持森林充分的多种价值。联合国粮农组织认为：森林可持续经营是一种包括行政、经济法律、社会技术以及科技等手段的行为，涉及天然林和人工林。它是有计划的各种人为干预措施，目的是保护和维持森林生态系统及其各种功能。《热带森林可持续经营》：最广义地讲，森林经营是在一个技术含意和政策性可接受的整个土地利用规划框架内有关森林保护和利用方面处理行政的、经济的、社会的、法规的、技术的问题。

1992年联合国环境与发展大会以后，森林可持续经营的发展进入了实质性阶段。国际热带木材组织(International Tropical Timber Organization，ITTO，1992)认为：“森林可持续经营是为达到一个或多个明确的特定目标的经营过程，这种经营应考虑到在不过度减少其内在价值及未来生产力，和对自然环境和社会环境不产生过度的负面影响的前提下，使期望的林产品和服务得以持续的产出。”英国学者波尔(D. Poore)认为，这个概念用词准确，应特别注意其中的内在价值和未来的生产力；对自然环境和社会环境不产生过度的负面影响。这样说来，森林可持续经营的基本内容就是这样一种不造成森林未来的产品和服务功能下降的经营方式。《赫尔辛基进程，欧洲林业部长级会议》(The Helsinki Process ，1993)认为：可持续经营表示森林和林地的管理和利用处于以下途径和方式：即保持它们的生物多样性、生产力、更新能力、活力和现在、将来在地方、国际和全球水平上潜在地实现有关生态、经济和社会的功能，而且不产生对其他生态系统的危害。1995年《圣地亚哥宣言》附件中指出“森林是保持当地人口、国家经济和地球生物圈长期良好状况的根本保证”。1997年10月在土耳其的安塔利亚市举行了第11届世界林业大会，通过了《安塔利亚宣言》，这是全球保护森林的最新行动纲领。《安塔利亚宣言》强调“各种类型的森林不仅为世界人民提供重要的社会、经济及环境的产品与服务，而且为保障食物供给、净化水源与空气以及保护土壤做出了重大贡献，实现可持续发展的关键就在于森林的可持续经营”。1998年7

月美国农业部林务局召开了关于森林可持续经营问题圆桌会议，重点讨论了森林可持续经营原则问题。会议一致认为，美国应尽快制定出森林可持续经营标准和指标，在这方面应走在世界前列；森林可持续经营不是林业部门一家的工作，需要公众和所有部门参与。1999 年 3 月联合国粮农组织在意大利罗马召开了关于森林可持续经营问题部长级会议，重点讨论了森林可持续经营问题，审议了《联合国粮农组织 2000 ~ 2015 年林业发展战略框架》(草案)。该框架重点阐述了林业可持续发展的综合途径等问题，如防治荒漠化和干旱；森林和森林生态系统可持续经营对农业可持续发展与粮食安全的重要性；跨学科和跨部门研究对森林可持续发展的重要性；提高人们对森林重要性的认识，加强林业科研、教育、推广和科技信息，以提高森林经营水平，加强国际交流与合作。

现在，世界许多国家都在按照这个新的理论来研究和制定各国的 21 世纪议程林业行动计划。各个国家本着既从自己国家的实际出发，又与国际研究接轨的原则，分别研究各自国家森林可持续经营的标准与指标体系。目前已有新西兰、日本、俄罗斯、加拿大、美国、印度尼西亚等国家先后制定了国家级的标准与指标体系框架。就内容来看，基本上与国际进程中所提出的核心内容类似，反映出了由于各国国情、林情不同所带来的差别，如日本把森林可持续经营的标准分为森林功能的标准和社会基础的标准。

2.5.2 森林可持续经营遵循的基本原则

(1)保持土地健康，通过恢复和维持土壤、空气、水、生物多样性和生态过程的完整，实现持续的生态系统。

(2)在土地可持续能力的范围内，满足人们依赖森林生态系统得到食物、燃料、住所、生活和思想经历的需求。

(3)对社区、区域、国家乃至全球的社会和经济的健康持续发展做出贡献。

(4)寻求人类和森林资源之间和谐的途径，通过平等地跨越地区之间世代之间和不同利益团体之间的协调，使森林的经营不仅满足当代人对森林产品和服务的需求，而且为后代人满足他们的需求提供保障。

2.5.3 实现森林可持续经营的方法

由法国的顾尔诺(A. Gurnaud，1825 ~ 1898)提出，后经瑞士的毕奥莱(H. Biolley，1858 ~ 1939)加以发展完善，提出一种新的森林经营方法，即检查法(Control method)。它的特点是提出一个具体的森林经营方法，检查法顾名思义，通过定期重复调查来检查森林结构、蓄积和生长量的变化。检查法是一种集约经营的方法。此法主要是为择伐而设计的，而且要求择伐是在全林范围内进行，为此要把林分划分为永久性的林班，以确保各项作业在空间上的秩序性和时间上的连续性，每次采伐，林木都要受到一次检查，最终保留的林木应是最优的林木，这样的林分自然具有优良的生长活力，由于各项作业都是定期反复实施，这就给经营者提供了解其经营结果和警醒必要的调整条件，由此可见检查法是一种高度集约的经营方式。毕奥莱认为，经营森林必须否和自然规律，既要考虑蓄积量也要考虑劳力，即用尽可能少的蓄积量和人力去取得最好的生产效果，因此，采用择伐作业时理想形式，皆伐作业的定期休闲停产是非可持续的经营模式。在瑞士和北欧许多地方一直持续至今，森林资源的连续清查和其他定期调查都是在此基础上发展起来的。检查法是经时间证明不愧为可持续经营的模式之一。

2.6 小 结

由于各国自然、文化背景、科技发展水平等的不同，采取何种模式自有其道理，各种模式也各有利弊，但从全球范围来看，有向现代森林生态系统经营模式趋同的倾向。现代森林生态系统经营作为今后的发展方向，它起码还要解决以下几个问题。一是完整的技术支撑体系，虽然世界范围的生态站已具相当规模，但是由于森林生态系统的巨大复杂性，人类的认识还有待逐步深入。森林多种效益的统一和高效发挥，这是人类经营森林的最高目标。二是可操作性，针对不同地区，不同立地条件和森林类型，均有适用的模型可供操作。

第 3 章

南方集体林区森林经营管理改革进程分析

3.1 南方集体林区森林经营管理的研究回顾

森林资源经营管理的核心是森林经营方案，因此对南方集体林区的森林经营管理的研究主要集中在森林经营管理方案和相关管理制度两大方面。

3.1.1 森林经营方案的研究概况

3.1.1.1 经营方案的编制指导方针和原则的探讨

传统森林经营方案编制的指导方针是以营林为基础，王振升(1995)认为森林经营方针是“以营林为基础，普遍护林，大力造林，采育结合，永续利用”。于政中(1991)认为南方集体林在经营方针上，乡、村林场要贯彻“以林为主，多种经营，长短结合，以短养长”的方针。随着森林可持续经营思想的兴起与发展，森林经营方案的经营方针发生了重大转变。郝吉海(2007)提出森林经营方针是“以人为本、全面协调可持续的科学发展观在方案中具体体现，应具有时代性、针对性、方向性和简明性，统筹好当前与长远、局部与整体、经营主体与社区利益，协调好森林多功能与森林经营多目标的关系。”

从编制森林经营方案的指导原则来看，传统集体林经营方案的编制遵循木材永续利用和集约经营的原则。随着森林生态价值的日益突出，社会林业的兴起，森林改善生态环境和社区群众生活的功能在森林经营方案的指导原则中凸现。寇文正(1997)提出森林经营方案必须充分体现改善生态环境、振兴地方经济及群众脱贫致富的要求，使之成为地方经济发展的组成部分。郝吉海(2007)提出可持续经营方案编制与实施必须坚持的原则：一是坚持资源、环境和社会经济发展相协调，与区域社会经济发展规划相衔接的原则；二是坚持兼顾长远与近期利益，所有者、管理者和经营者责、权、利相统一的原则；三是坚持尊重自然规律，因地制宜，保护、发展与利用相结合的原则；四是坚持积极调整产业结构，优化资源配置的原则；五是公众参与的原则。王春峰(2006)提出注意弱势群体的参与集体林经营方案编制过程和注意当地长期积累下来的乡土知识和乡规民约对森林经营管理的积极作用。

从以上的研究可以看出，国内学者开始重视林农在森林经营方案编制与实施过程中的重要作用，试图通过森林经营方案的编制与实施提高集体林区林农的生活水平，改善当地的生态环境。

3.1.1.2　森林经营方案编制的深度

对于南方集体林森林经营方案编制的深度，目前主要存在八种观点：第一种观点认为森林资源少，其他条件也较差的地区，应该采用河南省西峡县提出的调查—区划—规划—施工一条龙的经验（詹昭宁，1988）。第二种观点是从行政区划来考虑森林经营方案的深度，认为县级方案宜粗不宜细，全县指标落实到乡，乡村林场方案要细，落实到山头地块（于正中，1991）。第三种观点是从森林经营方案的具体内容来决定其深浅度，认为造林、营林、采伐等技术性较强的问题编制要细致一些，深度达到典型设计，满足年度生产计划编制要求。多种经营、林产工业规划等受到市场经济因素影响较大的问题，就编粗一些（温良生，1996；张少丽，1994）。第四种观点认为编案数据陈旧，集体林经营强度较低，影响因素多，深度指标（年度、小班）不可能落实到地块（王永安，1998）。第五种观点从林业分类的角度考虑，认为方案必须体现商品林和公益林分类管理，制定详细的公益林和商品林管理的经营措施，明确每个小班的经营方向和本期经营措施（李玲、王瑞杰，2004）。第六种观点是从森林经营方案与年度生产计划及作业设计的关系来考虑，认为森林经营方案编案深度以满足制定年度生产计划和作业设计为宜（熊卫国，1998）。第七种观点从保证经营者自主权的角度出发，建议把那些与森林经营关系不大的内容删除，经营者可以考虑的事情留给他们去做，防止统包统揽的政府行为（李月清，1998）。第八种观点从林农知识技能水平和实施可能性出发，认为编案过程应弱化技术性，强化参与性，避免过分强调技术，应注意将林农长期积累的传统知识、技能、乡规民约纳入到森林经营技术和政策体系中（王春峰，2006）。

总的来说，就森林经营方案编制的深度问题，国内学者没有达成一致的意见。部分学者开始注意到林农的传统知识和乡规民约对森林经营方案编制深度的积极影响。

3.1.1.3　规划设计的内容

我国传统森林经营方案的内容主要侧重于木材的永续利用，基本停留在以木材生产为主的传统体系中，编制的主要内容是以下的一部分或全部：①自然条件和经济条件的评价；②森林资源分析和评价；③编制方案的经营方针和经营目标；④集体林区划体系与组织经营类型；⑤森林采伐；⑥造林更新；⑦抚育间伐；⑧多种经营；⑨林分改造；⑩森林保护；⑪综合利用；⑫投资概算和经济效益评估（李志斌，2008；施本俊，1994；叶善文、雷文渊，2006）。

随着社区森林经营、森林认证等新事物的涌现，森林经营方案的内容发生了重大变化。王春峰（2006）从社区森林经营管理的角度出发，认为社区（行政村）森林经营方案主要包括以下内容：①基本信息；②森林资源现状评估；③森林经营目标和途径。确定森林经营目标还可从森林提供环境服务和提供生计来源这两个方面来进行讨论，需要考虑不同性别对于森林利用目标和途径的意见；④相关协议和规则；⑤森林经营过程中的决策程序、林农在森林经营中的责、权、利和违反规定的处罚措施等；⑥森林经营管理的组织形式、监督方式和冲突解决程序等；⑦年度森林经营活动安排。郑小贤等（2008）参照森林认证的要求，提出在森林经营方案中完善高保护价值森林、环境与社会影响评估、成本效益分析与公众参与、非木质林产品等规划内容。可见，随着森林经营管理内涵外延的扩展，社区森林经营、森林认证等新事物的涌现，森林经营方案被赋予新的规划内容，逐渐与国际接轨（郑小贤、张新欣，2008）。

3.1.1.4 编制森林经营方案的单位

南方集体林就编制森林经营方案的单位而言，目前存在着七种观点。第一种观点是将集体林经营方案比照国有林，以县为单位编制。如广东省的集体林编案以县为单位，这与现有资源控制、采伐限额、绿化达标责任制均以县为单位制定考核是相符的（杨帆，1993）。第二种观点是以县为单位编制，分乡加以落实。第三种观点是以乡为单位编制。如王永安（1998）提出林区县和非林区县的林区乡可以在县各项指标控制下以乡为单位编制，林区村可将乡指标根据村的资源分解到村（尤其是采伐限额、造林、抚育更新等）。第四种观点是以村为单位编制森林经营方案，如辽宁省抚顺市在现代林业建设中，推行以村为单位编制森林经营方案，把林木采伐限额落实到了山头地块。这个村 2007 ~ 2015 年的森林经营方案的内容编制，细到林班、小班、小地名、面积、主要树种、林龄、小班蓄积、谁家的林子、什么时间采伐、怎样采伐等。第五种观点是以林业股份合作制企业为单位编制（邓华锋，1998）。第六种观点是以乡村社区为基本单元编制。王春峰（2006）认为在集体林权落实到户后，以社区为单元编制森林经营方案，建立农户联合的森林经营机制，有助于避免单个农户因为经营山林分散、面积小而不重视森林经营的问题，有助于政府对分户经营的集体林进行指导。同时，近年来，我国南方集体林区，也在一些非政府组织如福特基金会等支持开展的社区林业活动中和世界银行、德援项目等多边、双边林业发展项目中，尝试开展以乡村社区为单元的集体林森林经营方案的编制和实施活动（李荣，2004）。第七种观点是经营者在林业主管部门的指导下自主编制森林经营方案。胡万良（2007）

提出对于人工商品林，允许经营者在林业主管部门的指导下自主编制森林经营方案，确定培育目标，选择采伐类型和采伐方式。对短周期工业原料林，由生产经营者自主确定采伐年龄、采伐时间和采伐方式。

从上述研究可知，国内学者对集体林区编制森林经营方案的单位虽然尚未达成共识。但是开始关注林改后集体林区涌现出的新的森林经营的组织形式，从这些组织形式的利益出发，研究以他们为编案单位的意义。

3.1.1.5　森林经营方案实施及执行效益评估

评估森林经营方案实施及执行效益时主要使用了四种方法。

第一种是模糊数学的综合评审法。唐小平(1998)用模糊数学的综合评审法，选择了5大类12项指标即森林资源指标类、经济效益指标类、社会效益指标类、生态效益指标类及林业科技进步指标类对森林经营方案实施效益进行了评估。张剑等(1994，1999)采用模糊数学的综合评审法，对森林经营方案的执行效益(1994)和实施效益(1999)进行了评估。进行森林经营方案执行效益评价时，选用了4大类13项指标即检查期内实际作业规模(档案数)与方案设计规模相差值指标类；经营档案现地核实可靠性指标类；检查期内目标完成程度指标类；经营管理状况指标类。对森林经营方案实施效益进行评估时和唐小平相比评价指标中增加了经营管理考核指标类。

第二种是层次分析法即AHP法。李春干等(1994)从森林经营方案实施过程研究出发，提出了由系统地反映森林经营方案实施过程的评估指标体系，以优化的AHP方法确定评估指标权重，以偏差法为基础量化评估指标组成的森林经营方案实施评估方法体系。在评估时选用了3大类34个指标的评估指标体系即：①组织经营基础牢固度；②规划设计任务完成度；③经营效果实现度。

第三种是综合指标评价法。林杰等(1993)从森林资源的动态变化，经营管理水平以及经济效益水平等方面提出一系列的指标和标准划分，并聘请专家对这些指标进行权重评估，根据方案实施效果与方案目标的接近程度，按照总得分的高低来评估经营方案实施效果。

第四种是评估指标体系等级加权平均与分析综合相结合的方法。颜文希(1995)采用评估指标体系等级加权平均与分析综合相结合的评估方法分析了乐昌、罗浮山、曲江和雷州四个国有林场(局)的森林经营方案执行前后结构性变化比值、森林资源增长比值及经营效益变化比值。

总之，森林经营方案实施及执行效益评估方面的研究较少，目前还没有形成一套适合南方集体林区的评价指标体系，指标的选取主观性较强，效益评估的结果难以横向比较；评估研究的技术手段落后，基本上都是静态评估，难以做到动态管理和评估，评估结果实际操作性差。

3.1.2 森林经营管理的相关制度研究

国内众多林业学者、专家在如何科学规范森林经营方案方面达成了共识：建立森林经营方案的相关制度。李春干(1994)提出为保证森林经营方案实施必须建立内部保障机制和外部保障机制。高兆蔚(1998)指出森林经营实施效果评估工作的重要性，建议建立森林经营方案执行情况实施效果评价档案制度。李祖贻(2006)提出集体林权改革后林业主管部门要执行和落实编案成果的监管办法和措施，建立严格实施森林经营方案的检查、监管、责任追究制度。何美成(2006)认为森林经营方案的编制要做到：一是重点加强配套法律法规的制定与检查；二是建立健全各项管理制度，把森林经营方案的实施情况与领导干部任期目标责任制紧密结合起来。高洁(2009)提出科学的编制管理是森林经营方案有效实施的基础，为此要加强编制部门资质考核与人员素质培训，建设高素质的方案编制规划设计队伍，建立鼓励森林经营方案编制、实施、监督等人员积极性的竞赛奖励制度。从以上研究可以看出，对保障森林经营方案实施的制度研究不够深入，只提出一些原则性的建议，没有设计出一整套确实保障森林经营方案编制与实施的制度体系，缺乏现实操作性。

3.2 森林经营管理的实践

3.2.1 国外私有林森林经营管理的实践

国外许多林业发达国家要求达到一定规模的私有林要参与森林经营方案编制，森林经营方案成为私有林主以及林业主管部门经营管理森林的重要依据。

芬兰私有林面积超过全国森林面积的70%，其十分重视对私有林进行森林经营方案的编制工作。森林法规和林业政策的核心内容之一就是“森林必须得到很好的管理并要有长远的规划”。芬兰私有林主的森林经营方案由林业局和当地的森林经营协会编制。芬兰森林经营方案的编制费用不高，每公顷约20个芬兰马克，其中国家大约支付全部费用的50%，其余的部分由申请编制经营方案的林主负担。私有林经营方案根据森林面积的大小及林业经营活动的强度分为不同的类型，小林主(1~10hm^2)编制的经营计划简单。作业强度大的私有林主对信息的种类及数量要求高，包括森林资源和资产的专题图和地形图，以及与未来10年建议采取的森林经营措施有关的大量数据与图面信息(董庆余，1986)。

德国森林编案工作已有200年的历史，在森林的永续经营和生态环境建设中发挥了重大的作用。德国的人工成本较高，木材的市场价格变化较大，为让林农在相对较长的时间做出何时采伐更新的决定，经营规划一般10年为一个规划期。

按照森林法规定，大面积的私有林要在森林调查基础上编制10年一期的森林经营方案。在此期间，无论是择伐还是皆伐，林中空地或采伐迹地都必须在3年内更新(孙玉刚，2004)。

挪威的“森林信托基金”制度早在1932年该国第一部《森林法》中就被确定下来了。基金来源是木材销售，收取比例是林地当年采伐木材销售税前收入的4% ~40%(2003年，调整为8% ~25%)。森林信托基金一般只能用于编制森林经营方案、森林更新、林间道路修建、技术培训、支持特定环境价值的营林措施等。挪威一项重要的林业扶持政策，就是支持编制“符合政府要求的、可持续的森林经营方案”，支持的力度一般是编制所需经费的55% ~70%。一般的程序是：对某一区域的林地，政府在优先考虑生态保护等的前提下，按森林可持续经营的要求提出经营目标，经过协商，区域内的林主如果承诺愿意按政府的经营目标编制森林经营方案，开展森林经营活动，则政府将视情况，对方案编制费用进行补助。由于这种方式是各方共同协商一致的，因此执行效果较好。

美国虽然各州的林业法规可以有所差异，但是对每块森林的经营管理都必须依照森林利用计划来进行，这在全美基本上是统一的(Sedjo A. R.，2008)。森林经营方案主要是按照每块森林的主导利用功能和培育目的来进行编制，由森林主管部门批准后实施。按照法律规定，凡经营森林面积在20233.90hm^2以上的森林都要编制100年的森林利用长远计划，并且每10年要对计划进行一次修正和调整。对森林资源的消长调查，由联邦政府组织专门机构实施，州政府一般不承担森林调查的职责，私有林的清查需得到林主的同意。林业主管部门在森林资源管理中普遍采用地理信息系统，对每个森林经营单位的资源数据和相关信息资料实现计算机管理。美国在制定森林经营方案方面，不仅针对不同森林的主导利用价值，确定森林利用方向，以促进森林经营者科学合理地经营管理森林资源，把实现生态、经济、社会三大效益作为基本目标，而且把森林经营方案作为法律规定，认真遵照实施。同时，美国州政府还对私有林森林经营方案进行了评估，广泛搜集了全美各州的方案管理者的文献资料，评审认定，重点监督方案应广泛应用于私有林业(Paul V. Ellefson，Micheal A. Kilgore，James E. Grandkog，2006)。

澳大利亚将编制和实施森林经营方案作为一项法定性工作进行推行，有严格、可操作的制度，是森林经营者和林业主管部门经营管理森林的重要依据。并且对森林实行分类经营，商品林按照森林经营方案由私人或企业管理。森林经营方案的宗旨是促进森林的保护与和谐利用，在保护森林的自然与文化价值的同时，为区域木材工业连续投资提供框架。森林经营方案编制要求参照自然资源与环境部门的综合区域规划，强调公众参与，注重可操作性，致力于当地的森林可持续经营，内容丰富、数据翔实。维多利亚州的Gippsland森林经营方案包含了

12 部分，分别为背景、森林经理区域、生物多样性保护、木材生产、河流及集水、森林保护、旅游及游憩、文化遗产、所有权及景观、其他森林用途、森林道路、科研教育、方案执行情况。

综上所述，世界发达林业国家森林资源管理的共同之处，除了通过立法的形式保护森林资源外，重点在于有严格的森林经营规划。

3.2.2 南方集体林区森林经营方案编制与执行的实践回顾

3.2.2.1 1949～1963 年森林森林经营方案的编制情况

1953 年全国林业调查会议上曾提出："对于私有林一般不作森林经理调查，根据林业政策和当地具体情况，可作森林资源调查或概况了解。"合作化运动为南方私有林区进行森林经理工作带来了有利条件。1956 年梁希部长在第七次全国林业会议的报告中指出："在土地境界已经固定的合作社，可以根据条件进行森林经理调查，编制施业案，但对合作经理尚需积极摸索经验。"1957 年和 1956 年相继召开的第五次及第六次全国森林调查设计工作会议上，进一步讨论了合作社森林经理问题。1963 年的全国林业调查规划规划工作会议上进一步指出："鉴于集体林的森林经理目前经验不足，建议各地注意摸索经验，形成切实可行的办法。"可见，1963 年以前，我国对集体林森林经理一直处于摸索阶段，缺乏重视。

3.2.2.2 1963～1990 年森林经营方案的编制执行情况

随着国家对木材需要的不断增强，对集体林森林经理认识不足的情况下，照搬国有林的办法对集体林区进行开发建设。集体林森林经理多以县和林区为单位，进行全面规划设计，提出总体设计方案，把森林资源和规划设计项目指标落实到区、乡、村和生产队、林班、小班。从 1963 年林业部直属森林调查第六大队在浙江丽水和福建政和两县、直属森林综合调查队在江西宜丰县进行森林调查设计。1964～1965 年，原林业部直属森林调查第九大队在湖南江华、资兴进行了森林经理调查，编制了森林经营利用设计。此外，各省(自治区)林业调查队在本省(自治区)范围内重点林业县进行森林调查设计，编制森林经营利用设计及其他规划设计文件。但是，由于集体林权山林权不稳定，所编制的森林经营方案的各项规划设计指标，只能作为全县组织林业生产建设的参考，难以落实到山林经营单位和山头地块。

20 世纪 80 年代末，集体林区开展了新一轮森林经营方案的编制。1989 年，黑龙江、福建、江西、广东、广西、湖南等省(自治区)，按照林业部有关编制集体林经营方案的要求，在抓紧编制国有林场森林经营方案的同时，进行了编制集体林经营方案的试点，并制定了相应的编案方法或规定(邓华锋，2008)。1989 年编制的森林经营方案，从实际运作看，方案编制全过程由林业部门包办代替，林农缺乏参与编制的积极性，致使所编的经营方案不能反映林农的意愿，付诸实施时只有森林经营方案中确定培育目标的主伐年龄，在办理林木采伐时得以执行，其余的大多没有执行，没有发挥其指导森林经营单位保护、发展、合理利用森林资源的应有作用(薛有祝，1994)。

3.2.2.3 1991～2000年森林经营方案的编制执行情况

1991年，由原林业部资源和林政管理司制定并印发的《编制集体林经营方案原则规定》在全国施行。编案的主要内容包括：森林经营方针和经营目标；确定林种，组织森林经营类型；造林和更新规划设计；森林抚育和低产林改造规划设计；森林保护规模设计；森林采伐规划设计；木材加工及林业多资源综合利用规划；基本建设项目规划；经费估算和效益分析。这一《规定》根据集体林经营的特点，强调编制方案以森林经营为重点，其余各项视当地条件、需要与可能确定。在《规定》的指导下，全国90%以上国有林业局(场)和60%以上集体林区县都编制了森林经营方案。

但这阶段编制的森林经营方案总体来说存在以下问题：①脱离实际。②一些指标根据理想模式逐年度分解到地块后，在实施中受到各种因素冲击，不能完全实施。③内容大而全，指标过多过细，针对性不强，重点不突出，千篇一律。④主要指标缺乏对社会经济环境和市场变化的分析论证，应变能力差。⑤经营主体缺位。集体林区方案编制过程中，没有乡、村、社区的居民参与，也没有充分听取他们的意见，使经营方案实施起来困难重重。另外，许多编案单位无经营方案编制的意愿，为编案而编案。⑥静态编制经营方案。⑦基础资料差。集体林森林经营方案编制的这些特点导致大部分森林经营方案难以实施，以致经营方案中常用的内容是资源数据与图面材料及采伐限额。

3.2.2.4 2000～2009年初森林经营方案的编制执行情况

近年来，我国南方集体林区，也在一些非政府组织如福特基金会等支持开展的社区林业活动中和世界银行、德援等多边、双边林业发展项目中，尝试开展以乡村社区为单元的集体林森林经营方案的编制和实施活动(刘金龙，2004)。以福建三明市集体林经营方案编制为试点，参与式理念已逐步提高了当地居民在自然资源管理过程中的民主决策意识和自我管理能力。

1992年联合国环境与发展大会以来，森林可持续经营得到了全球广泛的关注，也日益成为我国森林经营的主导思想。为积极推进我国森林可持续经营，指导各地开展森林经营方案的编制和实施工作，国家林业局2006年制定了《森林经营方案编制与实施纲要》(试行)，具体要求如下：①要求森林经营方案编制与实施要以科学发展观为指导，以森林可持续经营理论为依据，以培育健康、稳定、高效的森林生态系统为目标。②要求达到一定规模的集体林组织，非公有制经营主体在当地林业主管部门指导下组织编制简明森林经营方案。以县为编案单位的其他集体林组织或非公有制经营主体由县级林业主管部门组织编制规划性质森林经营方案。③森林经营方案内容一般包括森林资源与经营评价，森林经营方针与经营目标，森林功能区划、森林分类与经营类型，森林经营，非木质资源经营，森林健康与保护，森林经营基础设施建设与维护，投资估算与效益分析，森林经营的生态与社会影响评估，方案实施的保障措施等主要内容。简明森林经营方案内容一般包括森林资源与经营评价，森林经营目标与布局，森林经营，森林保护，森林经营基础设施维护，效益分析等主要内容。规划性质森林经营方案内容一般包括森林资源与经营评价，森林经营方针、目标与布局，森林功能区划与森林分类，森林经营，森林健康与保护，投资估算与效益分析，森林经营的生态与社会评估等主要内容（http：//www.fjforestry.gov.cn/document.asp？docid = 4148）。

2007 年 1 月国家林业局森林资源管理司发布了关于科学编制森林经营方案，全面推进森林可持续经营工作的通知。通知要求 2007 年各省级林业主管部门要确定 2 ~ 3 个不同类型的经营单位，组织开展森林可持续经营试验示范，并率先编制森林经营方案，为本区域其他单位的编制工作提供借鉴（http：//www.forestry.gov.cn/distribution/2007/01/30/zygl - 2007 - 01 - 30 - 45.html）。

福建永安选择西洋、洪田、小陶、贡川等四个试点乡镇自主编制森林经营方案。当时，全市申请单独编制森林经营方案的单位有 79 家，面积 171.95 万亩。其中一类编案单位（面积大于 2 万亩）3 家，二类编案单位（5000 ~ 20000 亩）8 家，三类编案单位 68 家（面积小于 5000 亩）。加上林改后零星未组建经济合作组织的、村集体保留的山林，以村为单位组建森林经营协会单独编制方案，编制森林经营方案单位为 305 个。2009 年永安市对已完成森林经营方案编制，并通过专家评审的单位试行新的采伐管理模式。（http：//www.lknet.ac.cn/page/framelimit.cbs？ResName = mrxw）。

总之，虽然南方集体林区森林经营方案编制与实施的理论研究中吸纳了森林可持续经营的思想，着重林农利益的维护，但是理论研究严重滞后于森林经营实践，对如何保障森林经营方案实施的研究只是单纯从森林经营方案自身的角度来考虑，而对保障森林经营方案编制与实施必不可少的其他外围因素如评估机制、制度建设等研究相当薄弱。森林经营方案的研究急需将森林经营方案的编制与实施看做一项系统工程，将与之有关的各项因素都纳入，开展综合性、系统性的交叉研究。

第 4 章

林权改革后南方集体林区森林经营管理的实地调查

4.1 调查样本选择

本研究从林农的角度来探析如何控制森林经营的过程，管理的主体是林农。因此林农调查是整个研究的基础工作，林农调查不仅为本研究提供了宝贵的原始资料和研究数据，包括森林经营管理的现状分析，林农森林经营方案编制与实施的现状、林业合作组织建设情况、林农融资现状等，而且也是进行分析的基础数据。南方集体林区共有十个省，本研究结合以往研究情况，以及现实中集体林权改革实际情况，实行分层抽样方式选择样本：

第一层面：省级样本：选择福建、江西和湖南三个省作为第一层面调查区域。选择这三个省主要基于以下考虑：福建省是在全国率先开展的以“放活经营权，落实处置权、确保收益权”为主要内容的集体林权制度改革，是林权改革比较深入和彻底的省份之一。其森林经营管理的各项工作包括林农森林经营方案的编制与实施、林业合作组织建设以及林业金融创新情况都走在南方集体林区各省份的前列。江西省也是第一批四个林权制度试点改革省份之一，其森林经营管理的各项工作开展得较为深入。而湖南省林权改革相对滞后，森林经营管理的各项工作的开展也相对缓慢。以这三个省为样本省，既可以基本上反映南方集体林区森林经营管理情况，同时也可以便于比较各省之间的差异。

第二层面：县(市)样本，在三个省级样本内选择 4 个县(市)作为第二层面调查区域，具体包括福建省的永安市、邵武市，江西省的铜鼓县以及湖南省的芷江侗族自治县。选择这些样本县市主要基于以下两方面的考虑：一是参考了省林业厅的意见，省林业厅主管部门认为以上县市是本省开展森林经营管理工作较好的地区，有借鉴和学习的价值，如永安市、铜鼓县、邵武市。二是基于样本抽样应当考虑普遍性和一般性的原则，选择了森林经营管理工作相对滞后的地区，便于比较。

第三层面：乡(镇)样本，在4个县(市)中选择6个乡镇作为第三层面调查区域。在样本省和样本县的基础上，主要采取随机抽样的方式，由于永安市是当时调查的这些县市中唯一开展林农森林经营方案编制工作的县市，因此，在永安市选取样本乡镇和村的数量相对较多，选取了了2个镇和4个村。

第四层面：村及林农样本，在上述确定的6个乡镇中选择15个村，每村选择10户左右，共计150户林农进行实地访谈调查。在林农的确定上，一部分接受问卷调查的林农是基层林业站人员召集过来的，这部分人的能力、收入水平以及受教育程度相对较高，还有一部分林农来源于笔者随机入户调查的林农。具体样本分布情况见表4-1。

表4-1 样本分布情况表

<table>
<tr><th>样本省</th><th>样本县(市)</th><th>样本乡</th><th>样本村</th><th>样本林农数</th></tr>
<tr><td rowspan="3">福建省</td><td rowspan="2">永安市</td><td>贡川镇</td><td>红安村/攀龙村/观成村/集凤村</td><td>45</td></tr>
<tr><td>西洋镇</td><td>桂溪村/福庄村/虎山村</td><td>30</td></tr>
<tr><td>邵武市</td><td>城郊镇</td><td>香铺村/台上村</td><td>10</td></tr>
<tr><td>江西省</td><td>铜鼓县</td><td>三都镇</td><td>黄田村/枫槎村</td><td>20</td></tr>
<tr><td rowspan="2">湖南省</td><td rowspan="2">芷江县</td><td>杨公庙乡</td><td>马田村/杨公庙村</td><td>20</td></tr>
<tr><td>五郎溪乡</td><td>牛皮寨村/金厂坪村</td><td>20</td></tr>
<tr><td>合计</td><td>4</td><td>6</td><td>15</td><td>145</td></tr>
</table>

4.2 调查组织实施情况

为了更好开展本次调查活动，整个调查研究过程分为调查准备、实地调查、调查分析三个阶段。具体调查研究步骤如图4-1。

整个调查以林农调查为主，项目组成员对这3个省4个县(市)6个乡镇15个村的145户林农进行了系列问卷调查。同时，还开展了国家、省级、县级、乡、村级关键人物和相关组织机构的访谈和典型调查。

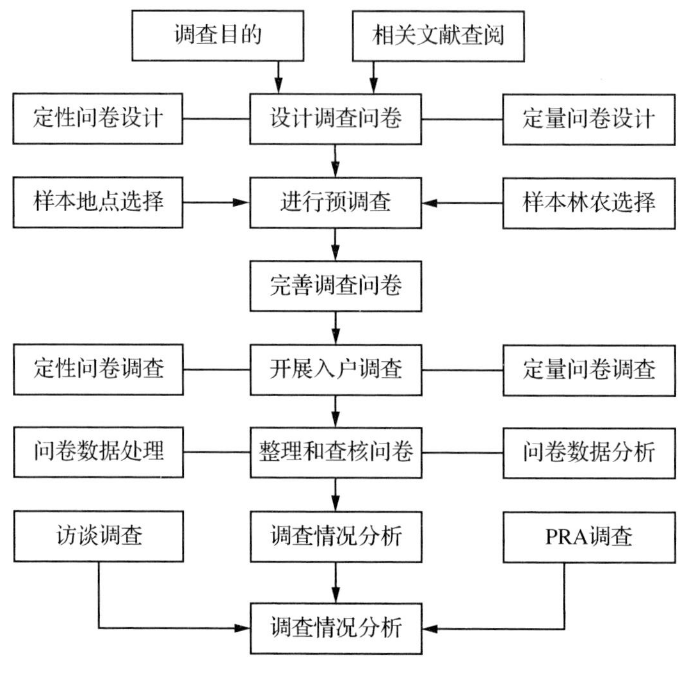

图 4-1　调查实施流程图

4.3　调查方法

本研究在调查区主要采用了以下几种调查方法：

(1) 参与式小组访谈。调查过程中，与国家森林资源利用监管处、省森林资源管理站(或林政资源保护管理处)、县市级森林资源管理站(或林政资源管理股)、乡镇基层林业站中的一些主管方案编制与实施的人员，通过排序、打分、咨询等多种方式进行参与式的访谈，以获得不同层次管理方案的人员对森林经营管理的看法和认识。

(2)关键信息人访谈。为了了解林业合作组织的内部运行情况，林农森林经营过程中具体的营林步骤以及资金花费、基层林业站人员在林农森林经营编制方面所起的作用等，对在这些方面了解较为透彻的人如合作组织的会长、林业种植大户以及基层林业站站长进行了专门访谈。

(3)林农问卷调查。本研究针对 15 个村 145 户林农设计了四套调查问卷：

问卷 1：林农森林经营方案编制与实施概况调查

主要调查林农对森林经营方案的了解程度；参与森林经营方案编制的意愿与

方式；林农的特征包括政治面貌、年龄以及受教育程度；林农的营林收入与用材面积；参与合作组织情况；对已编制森林经营方案的林农主要是了解他们从编案中获得的好处，方案执行过程过程中还存在哪些困难。

问卷2：林农营林生产技术的调查

主要是了解当前林农接受培训和技术指导的现状、需要有关营林技术哪些方面的指导、掌握哪些传统的营林技术、接受大学生培训的意愿、对技术指导、推广和培训有什么建议与要求、林农的生态意识、林农林地清理过程中常用的营林方式、防治病虫害常用的方法。

问卷3：林农合作组织的调查

主要是了解林农参与林业合作组织的意愿，通过对林业合作经济组织会员的调查，了解合作组织服务功能、内部决策的决定方式、覆盖的范围、获得政府部门的具体帮助情况。

问卷4：林农融资调查

主要是了解林农的融资意愿，融资渠道，林农营林生产的贷款情况，信贷申请的基本情况，林农从林权抵押贷款、小额信用贷款中获得的优惠以及他们对林权抵押贷款、小额信用贷款的评价。

(4)二手资料收集。二手资料的收集主要指在调查地区收集了丰富的有关森林经营管理相关的二手资料，包括样本省、县市以及乡镇的基本情况介绍；福建省森林资源规划设计调查和森林经营方案编制技术规定，森林资源经营用表；样本省、县市及乡镇林业合作组织的建设情况；各省林业规划设计队伍的学历与职称构成；样本省基层林业站人员的学历与职称构成。

(5)实地踏查。对典型调查地区所涉及的林农、林区和基地等进行实地踏查，一方面可以增强感性认识，另一方面可以检验其他方法所得结果的正确性。

4.4 样本概况

4.4.1 样本省概况

4.4.1.1 福建省林业概况

福建省地处我国东南沿海，土地总面积12万多km^2。气候温和湿润，境内地貌主要是丘陵低山，土壤类型丰富。省内植被垂直分布有较明显的变化，现存比较稳定的天然林所占比例小，主要是次生林。植被类型主要是常绿阔叶林、马尾松次生林、人工经营的杉木林和毛竹林、经济林、低丘平原地区的散生木和沿海木麻黄防护林、灌丛和草山等。其中，人工杉木林和毛竹林经营的面积广、生长好，林农收益较高。福建省中部及西北部中亚热带性植被为常绿阔叶林，东南部的南亚热带地带性植被为季风常绿阔叶林。

福建省是我国南方重点林区，林地资源丰富，占全省土地总面积的70%以上，是我国南方集体林区森林资源最为丰富的省份，集体林面积占90%。同时，也是我国重要的速生丰产用材林基地之一，其森林资源对缓解我国林产品短缺，促进经济发展发挥了重要作用。据第八次全国森林资源清查结果，全省现有林业用地面积926.82万hm^2，占全省土地总面积的76.28%，其中有林地面积为801.27万hm^2，森林覆盖率65.95%，列居全国各省(自治区、直辖市)的第一位，森林蓄积量达到6.08亿m^3，列全国的第七位，全省人工林保存面积377.69万hm^2，列全国第6位，人工林的蓄积量达2.49亿m^3，占全国的10.01%，位居第一；2013年林业总产值达到3609.53亿元。

表4-2 福建省历次清查森林资源概况 单位：万hm^2、万m^3

清查时间	林业用地面积	活立木总蓄积	有林地面积				森林蓄积	灌木林地面积	森林覆盖率(%)
			合计	林分	经济林	竹林			
1974	910	24330	590	513	22	55	19599	19	48.5
1978	887.47	43055.91	449.64	357.40	34.20	58.04	29637.98	29.86	37.0
1988	897.90	37888.24	500.34	382.84	56.58	60.92	26382.32	24.35	41.18
1993	893.40	39465.20	614.84	467.63	79.14	68.07	32168.89	21.66	50.60
1998	901.83	41763.62	735.37	549.90	103.44	82.03	36490.99	23.09	60.52
2003	908.07	49671.38	764.94	563.85	112.57	88.52	44357.36	26.70	62.96
2008	914.81	53226.01	—	—	101.29	—	48436.28	—	63.1
2013	926.82	66674.62	801.27	606.72	87.80	106.75	60796.15	22.61	65.95

4.4.1.2 江西省林业概况

江西省地处我国中部偏东南，土地总面积约16万多km^2。属于中亚热带温暖湿润气候，全省地形复杂多样、地貌类型齐全，以中低山和丘陵为主。山地面积占35.9%，丘陵占42.3%，平原占21.8%(鄱阳湖平原)。森林植被属亚热带常绿阔叶林区域，大体分为常绿阔叶林、常绿落叶阔叶混交林、落叶阔叶林、竹林、暖性针阔混交林、暖性针叶林、山顶矮林7个基本类型。江西省有高等植物4800多种，其中木本植物2000多种。竹子和油茶是其具有竞争优势的特色林业资源。

第八次森林资源清查结果表明，全省现有林业用地面积 1069.66 万hm^2，占全省土地总面积的 64.15%。其中有林地面积 1001.81 万hm^2，占林业用地面积的 93.66%。森林资源以天然林为主，天然林面积为 663.21 万hm^2，蓄积为 29718.74 万m^3，分别占有林地面积和森林蓄积的 66.20% 和 72.77%；人工林发展较快，人工林面积为 338.60 万hm^2；蓄积为 11121.88 万m^3，分别占有林地面积和森林蓄积的 33.80% 和 27.23%。森林覆盖率为 60.01%，居全国各省(自治区、直辖市)的第 2 位，森林面积和森林蓄积分别居全国的第 8 位和第 9 位，人工林面积居全国的第 6 位。

表 4-3 江西省历次清查森林资源概况 单位：万hm^2、万m^3

清查时间	林业用地面积	活立木总蓄积	有林地面积				森林蓄积	灌木林地面积	森林覆盖率(%)
			合计	林分	经济林	竹林			
1974	1074	26269	611	468	96	47	21819	90	36.7
1977	1057.83	30261.08	546.23	402.33	98.27	45.63	23632.80	69.07	32.8
1983	1045.6	25375.7	553.2	393.7	108.5	51.0	193178.8	27.2	33.1
1988	1049.62	24219.19	599.24	435.68	110.16	53.40	16850.36	10.72	35.94
1991	1048.34	24590.99	672.77	504.57	113.04	55.16	18089.33	10.56	40.35
1996	1045.32	27695.69	889.78	690.70	136.35	62.73	22308.38	21.76	53.37
2001	1044.69	37435.19	930.75	727.83	122.26	80.66	32505.20	21.77	55.86
2006	1054.92	45045.51			120.33		39529.64		58.32
2011	1069.66	47032.40	1001.81	789.91	112.01	99.89	40840.62	16.01	60.01

4.4.1.3 湖南省林业概况

湖南省位于长江中游，洞庭湖之南，土地总面积 21 万多 km^2。属于大陆性特色较浓的中亚热带季风湿润气候。全省有高等植物约 5000 种，木本植物 1900 余种。珍稀濒危保护植物有 60 多种，其中木本 50 多种。

湖南省是全国南方重点集体林区，也是我国南方集体林区发展速生丰产用材林基地的重要省份之一，其森林不仅为改善生态状况、减少洪涝灾害发挥了重要作用，而且对缓解木材供求矛盾，增加农民收入，促进农村经济发展做出了巨大贡献。根据第八次全国森林资源清查结果，湖南省森林覆盖率列居全国各省(自治区、直辖市)的第 9 位，森林面积和森林蓄积分别居全国的第 7 位和 14 位，人工林面积居全国第 3 位。2013 年湖南省活立木总蓄积量达 37311.50 万m^3，森林覆盖率达到了 47.77%。

表 4-4　湖南省历次清查森林资源概况　　单位：万 hm^2、万 m^3

清查时间	林业用地面积	活立木总蓄积	有林地面积				森林蓄积	灌木林地面积	森林覆盖率(%)
			合计	林分	经济林	竹林			
1975	1244	18937	658	462	139	57	14987	164	31.1
1979	1173.02	19887.93	687.23	395.49	242.42	49.32	16021.02	66.28	32.5
1985	1174.94	18263.43	675.37	381.08	242.09	52.20	14066.37	73.66	31.88
1989	1166.61	19446.74	694.90	417.58	226.72	50.60	15147.83	80.71	32.80
1994	1173.66	23147.09	823.97	558.81	216.16	49.00	19890.46	140.26	38.90
1999	1171.42	30211.67	860.15	609.09	198.86	52.20	26534.46	175.81	40.63
2008	1293.29	36621.03	974.70	790.91	99.75	84.03	36620	177.57	55.86
2013	1252.78	37311.50	950.78	731.39	141.56	77.83	33099.27	117.22	47.77

4.4.2　样本县(市)概况

本研究选择了4个样本县(市)，即在福建省选取了永安市和邵武市，在江西选取了铜鼓县，在湖南选取了芷江县。

4.4.2.1　福建永安市概况

福建永安市现辖11个乡镇、4个街道办事处，228个行政村，总人口约32万人，是我国南方48个重点林区县(市)之一。现拥有土地面积443.1万亩，林业用地面积382.5万亩，其中集体林经营面积204万亩，商品林295.5万亩，分别占林业用地面积的53.3%和77.3%。有林地面积355.3万亩，森林覆盖率达83.2%，木材蓄积量2200万 m^3，居福建省第一位。该市还被授予“中国笋竹之乡”的美誉，拥有竹林面积100.2万亩。乡土竹种15属76种，农民人均拥有竹林面积和竹种资源总数属全国县(市、区)之首，年产商品竹800万根，鲜笋15万吨。永安市早在2001年就被列为国家森林生态效益补助资金试点单位，是全国南方集体林区产权制度改革试点县(市)，全国森林资源与林政管理示范点，福建省林政改革试点县(市)，2004年被国家林业局列为国家森林可持续经营管理试验示范点。

4.4.2.2　福建邵武市概况

邵武市隶属于南平市，位于福建省西北部，武夷山脉南麓，闽江支流富屯溪中上游，现辖4个街道办事处、12镇、3乡，132个行政村。是福建省的重点林区和四大林产品中心之一，南平市森林资源总量位于福建省省森林资源排名前列，邵武市森林资源总量位于南平市森林资源中游地位。根据2007年森林资源调查统计，邵武市土地总面积426.2万亩，其中林地面积348.7亩，占土地总面积81.8%，竹林地面积55.5万亩，占林地面积16%。生态公益林面积85.8万亩，森林覆盖率达73.5%。全市森林活立木总蓄积1511.6万m^3，林分蓄积量1440.6万m^3，人工林林分蓄积量693.9万m^3，占48.1%。现有用材林树种单一，针叶化现象普遍，杉木和马尾松两种树种用材林面积达155.3万亩，占用材林面积比例的88%，阔叶树面积只占用材林面积比例12%。

4.4.2.3 江西省铜鼓县概况

铜鼓县位于赣西北边陲，修河上游，九岭山脉中段，属典型的山区县。全县土地总面积154769 hm^2，林地面积138694 hm^2，占土地总面积的89.6%；区划生态公益林50266 hm^2，占全县总面积的32.48%，占林地面积的36.24%。区划商品林88428 hm^2，占林地面积63.76%，其中现有森林和灌木林87336 hm^2，占规划商品林面积的98.77%。有林地面积132364 hm^2，占林地面积的95.44%。其中，纯林40394 hm^2，占30.5%；混交林67215 hm^2，占50.8%；竹林24756 hm^2，占18.7%。森林覆盖率86.42%，林木绿化率86.95%。全县活立木蓄积9470278 m^3。其中有林地蓄积8324930 m^3，占87.9%；林分面积107609 hm^2，蓄积8324930 m^3，平均每公顷77.36 m^3。

4.4.2.4 湖南省芷江县概况

芷江县位于湖南省西部，隶属于怀化市。全县国土面积2099km^2，现辖5镇23乡，299个行政村，总人口38.2万人。居住着侗、汉、苗、土家等25个民族，属少数民族县、省级贫困县。芷江县现有林地面积211万亩，其中商品林面积147.4万亩，生态公益林面积64.2万亩。活立木蓄积量502万m^3，森林覆盖率65.4%，是全省24个重点林区县之一。民族地区爱林护林意识较强，有村级护林公约。

4.4.3 样本乡镇概况

本研究选择了6个样本乡镇即福建省永安市的贡川镇、西洋镇，福建省邵武市的城郊镇，江西省铜鼓县的三都镇，湖南省芷江县的杨公庙乡和五郎溪乡。

4.4.3.1 福建省永安市贡川镇

贡川镇位于永安市北部，北距三明30km，南离永安市区16km。辖15个行政村，67个自然村，共有2347户，合计9800人。劳动力主要分布于农业生产、家庭经营和外出劳务几个领域。从事非农劳动力数量较少，约占总人口数的10.1%。

全镇总面积17.45万亩，林业用地面积14.04万亩。有林地面积13.18万亩，其中，竹林6.7万余亩，生态林2.02万亩，用材林3.97万亩，经济林0.7万亩。活立木蓄积量75.8万m^3，森林覆盖率达75.5%。林业已成为贡川镇支柱产业之一。贡川镇先后获得省级园林式乡镇和三明市“三佳”毛竹之乡称号。永安市贡川镇红安林业专业合作社、永安市贡川镇友兴林业专业合作社、永安市贡川延爽林业专业合作社以及永安市贡川伟祥林业专业合作社是贡川镇最早注册的4家具有一定规模的专业合作社，共管辖山场面积近2万亩。贡川镇林农以合作组织为单位编制了一大批森林经营方案。

4.4.3.2 福建省永安市西洋镇

西洋镇位于永安市南部，离市区22km。全镇有18个行政村，一个镇办林场。境内有一个国有林业采育场，共有5370户，合计19175人口。全镇共有土地面积33.8万亩，其中林业用地面积28.2万亩，有林地面积27万亩，生态公益林4.8万亩，12.1万亩毛竹林，7.6万亩用材林，4.1万亩经济林。活立木总蓄积量154万m^3，森林覆盖率80%。林业是西洋镇的支柱产业，也是农村林农的主要经济来源。早在2008年，西洋镇拥有林业合作林场23家，经营面积达70922亩，各种专业协会21家。其中，有9家已经办理了林业专业合作社的工商登记手续。与此同时，西洋镇以合作组织为单位编制了一大批森林经营方案。

4.4.3.3 福建省邵武市城郊镇

城郊镇位于邵武市南部，距市区3.5km，土地总面积24万亩，9个行政村，85个村民小组，1.4万人口。全镇林业用地面积185148亩，其中生态林40390亩，国有林6835亩，外乡镇插花山有6912亩和开发区征占用地472亩。除上述面积外加上本镇插花山2747亩，全镇应明晰面积133286亩，到目前为止，除村集体统一经营1669亩外，已明晰集体林权131617亩，占应明晰面积的98.7%。主要经营形式有：自留山16217亩、家庭承包经营73857亩，其他方式经营41543亩。林改后，一些村民小组或自然村自愿结合，联户经营，这种形式面积有413亩；还有一些村民、村集体以山林入股组建成多经济成分的股份合作制，这种类型经营的森林面积达19879亩。

4.4.3.4 江西省铜鼓县三都镇

三都镇位于铜鼓县东部，辖13个行政村，1个居委会，总人口1.5万人，全镇总面积20100 hm^2，林地面积17577 hm^2，其中生态公益林面积6628 hm^2，占林地面积的37.7%，商品林面积10949 hm^2，占林地面积的62.3%。三都镇是林业采伐改革试点。

4.4.3.5 湖南省芷江县杨公庙乡

杨公庙乡共有11个村，拥有农户2650户，共有9830人。山地面积7.68万亩，其中，林地面积5116.4 hm^2，非林地面积2569.6 hm^2，活立木蓄积量26.06万m^3。通过林改，产权进一步明晰，广大群众造林、护林、改造低产林的积极性高涨，盗砍滥伐案件明显减少，森林防火意识增强。

4.4.3.6 湖南省芷江县五郎溪乡

五郎溪乡辖3个村，35个村民小组，共1179户，土地总面积4490 hm^2，林地面积3452.5 hm^2，从森林类别来看，商品林面积2696 hm^2，占林地面积的78.09%；公益林756.5 hm^2，占林地面积的21.91%。从林地所有权来看，集体林10.5 hm^2，个人私有林3442 hm^2，占林地面积的99.7%。有林地面积2902.4 hm^2，其中乔木林地面积2896.1 hm^2，蓄积129596m^3，乔木林地中纯林面积为2797.7 hm^2，蓄积125559 m^3；混交林林地面积为98.4 hm^2，蓄积4137 m^3。活立木总蓄积量130211 m^3，森林覆盖率67.4%，林木绿化率73.43%。

第 5 章

林权改革后南方集体林区森林资源经营管理的调查分析

通过集体林权制度改革，落实了林地承包经营权和林木所有权，南方集体林区森林经营主体发生了巨大的变化，森林经营主体由村集体组织转变为林农。而南方集体林区的森林经营管理，具体包括森林经营方案的编制与实施、林业合作经济组织、森林经营管理人力资源以及森林经营投融资与林改前相比有了很大的变化，呈现出新的特点，下面针对上述四个方面开展的调查进行分析。

5.1 森林经营方案编制与实施情况的调查分析

首先对福建、江西、湖南 3 个调查省林农森林经营方案的编制与实施现状进行了总体调查分析，然后对调查区中林农森林经营方案的编制与实施工作开展地比较早和比较好的福建永安市进行了具体的介绍和客观的分析。在此基础上，结合实地调查的一手资料，主要从林农的角度，对当前森林经营方案编制与实施过程中存在的具体问题以及涉及的具体影响因素进行了详细的剖析。

5.1.1 样本省林农森林经营方案编制与实施概况

5.1.1.1 福建省林农森林经营方案编制与实施概况

福建省为了规范森林经营方案的编制工作，早在 2006 年省林业厅就制订了《福建省森林经营方案编制技术规定》，主要规范了森林经营方案编制的单位、编制的主要内容、编案的技术方法、森林经营方案的审批以及森林经营方案实施的监督管理。

(1)森林经营方案编制的单位。福建省林业厅对森林经营方案编制单位的规范是在国家林业局颁布的《森林经营方案编制与实施纲要》的指导下对编案单位的划分进一步细化和具体。依据《森林经营方案编制与实施纲要》的精神，森林经营方案编制改变为以森林经营单位为总体，编制的广度和深度依据经营面积、管理基础等条件实行分类指导，将森林经营方案编制的单位分为三类：一类编案单位、二类编案单位及三类编案单位，在此基础上，福建省还结合本省的森林资源现状规范了每一类森林经营方案的经营规模：经营面积2万亩以上的为一类编案单位，编制森林经营方案。经营面积2万亩以下、5千亩以上的为二类编案单位，编制简明森林经营方案。经营面积5千亩以下的为三类编案单位，编制简易森林经营方案。经营目标和经营措施均由经营单位按有关规定自主编制，并落实到山头地块。按其分类，林农森林经营方案属于三类编案单位，编制简易森林经营方案。

（2）森林经营简易方案编制的主要内容。适用于三类编案单位的森林经营简易方案内容设计比较简单，仅包括森林经营类型的规划设计、更新造林的规划设计以及森林采伐的规划设计。森林经营类型的规划设计详细的内容包括：地类、林种、地权、林权、立地质量等级、优势树种、树种组成、起源、郁闭度、年龄、龄组、平均胸径、平均树高、每亩林分蓄积、小班林分蓄积、散生木蓄积、经营类型名称。更新造林的规划设计内容主要包括：确定更新造林树种、造林时间、测算苗木需要量、幼林抚育方法及第一次抚育间伐的时间。森林采伐规划设计内容主要设计采伐类型、方式和采伐年度。

考虑到三级经营主体经营面积较小，在编制经营方案时主要体现造林类型设计和森林采伐设计等的主要指标。因此，普遍采用表格式编制，作为经营者从事森林经营活动的依据。具体表格内容见表5-1。

表5-1 森林经营措施规划设计一览表

林班号	大班号	小班号	宗地号	小班面积	宗地面积	森林资源现状									经营类型名称	更新造林规划设计					森林采伐规划设计	
						地类或林种	优势树种	树种组成	起源	郁闭度	年龄	林木蓄积量	竹林株数	散生木蓄积		造林树种	造林时间	苗木用量	幼林抚育方法	第一次抚育间伐时间	采伐类型方式	采伐年度

经营宗数： 宗　　　经营面积： 亩　　　单位：亩、m^3、百根

村委会盖章：　　村主任签名：　　业主签名：　　规划设计人员：

(3)森林经营方案实施的监督管理。个体或小型联合体和集体林的经营方案的实施，原则上由县级林业主管部门成立的由分管领导负责，林政、计划、营林和资源管理等部门参加的专门机构监督管理。森林经营方案的实施要按方案文本执行监督。方案一经批准，必须认真执行，任何部门和个人都不得随意修改、变动；如确实需要修改，应报原批准的主管部门批准后才能执行。林业主管部门成立专门机构对方案的实施情况和效果进行年度检查和期末检查。年度检查重点是检查方案生产性指标和年度林业生产计划的执行情况，期末检查重点是五年方案实施的效果。建立包括经营方案——年度生产计划——作业施工——经营效果等内容的信息反馈体系。信息反馈一律以各级森林资源监测管理应用系统(地理信息系统)为平台，将年度森林经营方案实施过程中的森林资源变化，年末进行小班资源数据输入，建立省——设区市——县(市区)——经营单位方案实施信息反馈体系，作为各级林业主管部门检查评定经营单位森林资源经营管理和采伐利用的依据。

但是，从在福建省的实际调研情况来看，省林业厅虽然对森林经营方案的编制和实施工作进行了相关的技术规范，但并非福建省每个地区都依据省厅的技术规范开展了森林经营方案的编制与实施工作。林权改革后林农森林经营方案编制工作是必然趋势，但对于如何结合本地的实情开展林农森林经营方案的编制是工作中需要探索进一步和解决的重要问题。

5.1.1.2　江西省林农森林经营方案编制与实施概况

通过对江西省林业厅的实地调查发现，江西省对林农森林经营方案的编制问题进行了探索和研究，如编案的具体单位的确定，比较以村为单位和以合作社组织形式为单位的优劣势，如何让编制的森林经营方案简单、实用等。认为：对林农进行森林经营方案的编制意义重大，是林改后林业主管部门指导林农科学、持续经营森林的必要手段，也是以后的一个发展方向，要让林农森林经营方案的编制与森林采伐限额编制连接，让方案的编制要与采伐指标挂钩起来。

5.1.1.3　湖南省林农森林经营方案编制与实施概况

湖南省把森林经营方案的编制工作作为深化林木采伐管理制度的重要配套工作来抓。为了推进森林科学经营，深化林木采伐管理改革，早在2007年省林业厅选择靖州县、沅陵县、安化县、绥宁县、浏阳市作为林木采伐管理试点单位，选择浏阳市、黄丰桥林场作为森林经营方案编制试点单位。在浏阳市、靖州县、沅陵县、安化县、绥宁县这5个县(市)各选取一个乡(镇)作为试点乡镇，开展森林经营方案编制工作，聘请有资质的林业调查规划设计单位编制方案。如浏阳市确定官渡镇为试点乡镇，成立了林木采伐管理改革试点和森林经营方案编制工作领导小组，聘请了省林业调查规划设计院承担技术指导工作，编制了工作方案和技术方案，成立了3个外业调查组、1个质量检查组、1个内业编案组。沅陵县确定陈家滩乡为试点乡，聘请怀化市林调队承担技术工作，开展森林经营方案的编制工作。绥宁县选择竹舟江苗族乡为试点乡，市、县两级都成立了编案领导小组，确定以市林调队为主、县林业局、乡林业站配合的编案工作组，签订了试点乡森林经营方案编制协议书，落实了编案工作经费。安化县确定烟溪镇为试点乡镇，聘请了国家林业局中南林业调查规划设计院的技术人员承担技术工作。攸县黄丰桥国有林场聘请省林业调查规划设计院进行技术指导。

2007年的这次森林经营方案的编制工作主要是省林业厅结合林权制度改革开展的试点工作，有可取之处，也存在着许多缺陷：一是森林经营方案的编制工作都是花费大量资金聘请具有资质的林业规划设计单位规划设计，脱离广大林农的实际需求。二是全部以乡镇这一行政单位为编制单位，而不是以独立自主，自负盈亏的经济实体为编制单位。这就决定了编制的重点不是经营和生产的安排，而是管理、控制、执法和服务；方案只能是规划性质和指导性质的，经营方案的重点在于：经营方针、经营目标、林业产业发展政策、公益林和商品林的采伐管理政策，重点论证合理的年伐量并分配到村。三是森林经营方案规划期与采伐限额编制期一致，这次所有试点乡镇编制的森林经营方案的规划期为2008～2015年，分为2个时间段，即前3年(2008～2010)和后5年(2011～2015)，以便与“十二五”森林采伐限额编制期一致。四是方案的编制遵循了科学决策的程序：收集信息——系统分析和诊断——制定经营战略——制定具体决策——意见反馈——实施。

2009年湖南把“商品材采伐指标入村到户工程”纳为全省33件为民办实事之一。“入村到户”的概念可以理解为：通过改革完善和公开采伐指标分配和申请程序，将湖南省厅林业认定的集体和个人商品材采伐指标全额及时分解落实到拥有林木所有权的林农、造林承包大户、乡村组集体经营林场、村组集体山林等经营者手中。在“商品材采伐指标入村到户工程”的推动下，一些县如湖区华容县、靖州县、洪江县自发分区分县编制新造用材林简易经营方案，操作办法如下：

(1)编制对象：凡2006年以来新造林60亩以上保持率85%以上的人工用材林及短轮伐工业原料林均纳入编制范围。

(2)编制内容：①立地条件类型：根据不同的土壤质地，地形地貌等环境因子，编制各立地条件类型。②造林模式：根据各立地条件类型编制各树种的造林模式。③经营模式：根据不同的造林模式，编制森林抚育、病虫害防治、间伐等经营方案。④采伐年限及方式：根据各树种的培育目的，确定林木采伐类型、采伐方式及采伐年限，要科学适度地搞好中幼林的抚育间伐，提高林分产量和质量。杉木主伐年限小径材16年、大径材18年以上，马尾松主伐年限21年，杨树、桉树等速生阔叶树主伐年限8年或亩均出材达到8 m^3以上。⑤更新模式：为保持土壤结构，维持土壤地力，更新树种应选择不同于上届目的树种造林。

(3)小班调查及验收。第一，按小班造林年限验收内容：①当年新造：检查验收造林树种、面积、成活率及抚育情况；②造林第二年：检查验收幼林抚育、保存率和补植及管护措施；③造林第三年：检查幼林抚育、保存率和病虫害防治及管护措施。第二，做好小班卡片验收登记(表5-2)。凡符合编制对象的新造幼林地经验收合格后分别进行小班卡片登记，以乡为单位单独统计。第三，资料汇总。经验收合格后，由营林站对编制对象分年度统计汇总。

(4)建档及编制资料上报备查。对符合编制对象的造林小班进行方案编制后，三年以内的由营林站跟踪管理，届满三年的移交资源管理站，同时明确编制成果文本材料两份，电子文档一份，资源管理站、营林站各存档一份文本材料，并实现专人专柜管理。

表5-2　洪江市新造用材林小班经营登记卡片

卡5-1　造林验收

造林地点	乡镇　　村	小地名	
造林树种		造林密度	
整地方式		苗龄及来源	
验收面积		造林权属类型	
造林时间	年　月　日	成活率	
验收时间	年　月　日　验收人签名：		

卡5-2　幼林抚育

年度	抚育方式	第一次抚育时间	第二次抚育时间	抚育面积	苗木长势			验收时间	验收人
					高	地径粗	保存率		
造林当年									
第二年									
第三年									

卡 5-3 生长情况

查定时间	树种	林分平均高	平均胸径	每亩株数	每亩蓄积	小班蓄积	每亩年平均生长量	检查人
造林当年								
第二年								
第三年								

卡 5-4 护林措施

年度	政策性森林保险落实情况	森林防火防盗	森林病虫害防治	其他自然灾害	专职或兼职护林员
造林当年					
第二年					
第三年					

卡 5-5 采伐预测

实施项目	抚育间伐时间	主伐时间	出材量	备注
抚育间伐				
主伐				
下轮更新采伐				

5.1.2 福建省永安市林农森林经营方案编制与实施的现状分析

永安市的林农森林经营方案的编制工作走在福建省甚至南方集体林区其他省份的前列，将个体或小型联合体经营面积 5000 亩以下的以合作组织为单位编制简易森林经营方案。当时，永安市编制森林经营方案的单位达 306 个，其中个体林农 226 个，一个科学高效的森林可持续经营管理框架体系对永安市实现森林可持续经营管理产生积极的推动和保障作用。下面详细分析永安市的林农森林经营方案的编制工作，重点介绍其方案编制工作的具体情况，探讨其方案编制工作的可行性，分析其值得在全国其他集体林区推广的经验。

5.1.2.1 福建省永安市集体林区林农森林经营方案编制的背景

2003 年永安市全面启动了以“明晰所有权、放活经营权、落实处置权、确保收益权”为主要内容的集体林权制度改革和林权发换证工作。至 2004 年 5 月，永安基本完成确权发证主体工程，当年还被国家林业局列为国家森林可持续经营管理试验示范点。2005 年 9 月永安在福建最先通过林改工作验收。针对林权改革后森林经营工作出现的新问题，永安市 2006 年 7 月又开展了以“稳定一大政策、深化三项改革，完善七大体系”为主要内容的 11 项林改综合配套工作，森林经营方案的编制工作是其中重要的一项。永安市将个体或小型联合体经营面积 5000 亩以下的以合作组织为单位编制简易森林经营方案。通过全面总结试点工作，永安市提出了森林经营方案编制要坚持林农自愿参与、可持续利用、科学性和可操作性结合、遵循投入产出规律、讲究经济效益等原则。确立了保持森林覆盖率不下降，保持消耗量低于生长量、森林总蓄积量持续增长，保持生态公益林面积不减少的“三个目标”。森林经营方案编制单位分为国有林场、新型的家庭股份合作林场、已注册的合作林场、“公司 + 基地 + 农户”模式、乡镇林场、村林业经营协会等，并根据经营面积大小将方案编制单位分为三类：一类编案单位面积为大于 20000 亩的，二类编案单位面积为 5000 ~ 20000 亩的，三类编案单位为面积小于 5000 亩的。

5.1.2.2　福建省永安市林农森林经营方案编制的程序

永安市林农森林经营方案的编制分为三个阶段，一是准备阶段；二是方案编制阶段；三是方案检查监督阶段。具体的情况如图 5-1。

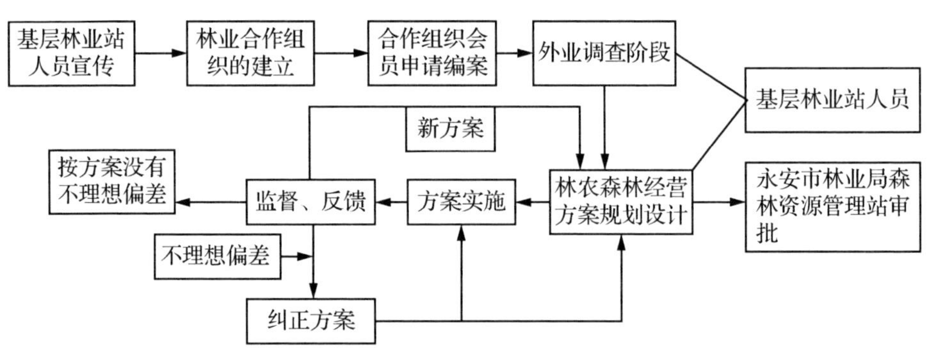

图 5-1　福建省永安市林农经营方案编制与实施的流程图

(1)准备阶段。准备阶段主要体现为思想准备和组织准备。一是思想准备。编案前基层林业站工作人员穿乡入户对林农耐心、详细地介绍方案编制以及联户经营的好处，并且把方案内容编制成林农《森林经营手册》，散发各家各户，使林农对编制森林经营方案的意义、作用以及内容有了清晰和深刻的认识。二是组织准备。福建永安市的部分农村能人把握林权改革的契机，带头创办了一批林业合作经济组织，加上永安市政府出台一系列优惠政策，涌现出大量的林业合作经济组织。截至 2011 年，永安市共组建各类林业合作经济组织 480 个（http：//

www. sm. gov. cn/nlb/xwdt/lydt/201103/t20110330_ 128777. htm)。林业合作经济组织的建立使小规模的林地连接成片，森林经营达到了一定的规模，林农森林经营方案的编制成为可能。

(2)方案编制阶段。永安市各村的林业合作组织会员首先要向管辖本村的乡镇基层林业站申请编制森林经营方案，基层林业站人员充分利用最新二类调查和每年度进行的小班变化调查记录卡上的森林资源调查数据，到准备编案的现场检查核对，进行必要的外业调查，更改有变动的数据。外业工作结束后转入森林经营方案编制工作阶段，基层林业站获得伐区调查设计资格证的技术人员负责方案的编制工作。林农森林经营简易方案设计的内容简单，仅包括：森林经营类型的规划设计、更新造林的规划设计以及森林采伐的规划设计，更新造林的规划设计主要包括：确定更新造林树种、造林时间、测算造林苗木需要量、幼林抚育方法及第一次抚育间伐的时间。森林采伐规划设计主要设计采伐类型、方式和采伐年度。基层林业站人员在编案前充分听取林农的营林需求，林农在基层林业站技术人员的指导下自主决定造林树种、造林时间、苗木用量等。基层林业站人员主要是利用省林业厅统一规定的软件，对采伐年度进行设计。

永安市进行森林经营简易方案编制的林种主要是一般用材林，有一少部分的竹林。方案编制完后由永安市林业局森林资源管理站组织专家对编案的可行性进行审批和审核认定，主要是看年伐量是否合理，各项技术是否符合规定。

(3)方案的监督及控制阶段。林农森林经营方案的实施要接受永安市林业主管部门、基层林业站以及广大林农三级监督检查。永安市森林资源管理总站和基层林业站对林农森林经营方案进行年度检查和5年后的期末检查，督促林农按编制方案进行营林生产。基层林业站将年度采伐指标实行公示，当年采伐户主、采伐方式以及采伐数量全部公布，完全透明化，林农的采伐行为受到广大群众的监督检查。永安市还以各级地理信息系统为平台建立了包括经营方案——年度生产计划——作业施工——经营效果等内容的信息反馈体系，根据森林资源、社会经济、林业政策以及营林技术条件的变化，一个经理期做2次调整，及时对方案中某些不适的内容、指标进行适当的修订，把静态的经营方案变成动态的经营方案，通过反馈控制，使森林经营方案真正发挥指导森林经营活动的作用。

5.1.2.3 森林经营方案编制的单位及深度

永安市林农主要是以林业合作经济组织为单位编制森林经营方案，如西洋镇每个村都以林业合作组织为单位编制了森林经营简易方案。规模最小是西洋镇西坑村森林经营协会简易方案，经营面积为448亩。规模最大的是西洋镇银坑村森林经营协会，经营面积达到了13734亩。目前永安市林农森林经营方案的编制仅限于商品林，编案的深度以满足制定年度生产计划和作业设计为宜，编制得较细，将更新造林和森林采伐分年度落实到具体的山头地块。

5.1.2.4　永安市林农森林经营方案编制的可行性评价

(1)永安市的自然资源优势。永安地貌素有“九山半水半分田”之称，气候温暖湿润，平均气温19.1℃，无霜期301天，平均日照1766.1小时，年降水量1688mm。林地土壤肥力89.7%为红壤，有机含量6.01%，含氮量0.21%，速效磷平均含量6.15μg/g，速效钾平均含量120μg/g，土壤湿润，土层深厚，潜在肥力高。适宜的气候、土壤条件适于杉木、马尾松、桉树等速生用材林和罗汉松、桂花、福建山樱花、香榧、闽楠、福建柏等大量珍贵树种的生长。而速生用材林和珍贵树种的市场前景好，经济价值高，林农科学培育这些树种的积极性很高。永安市本身的自然禀赋优势成为林农编制方案的内在经济驱动力。

(2)方案编制预期的经济、生态效益显著。永安市基层林业站人员编制林农森林经营方案以及为编案所进行的外业调查对林农来说都是免费的，成本主要是实施方案的营林成本。实践中杉木造林和幼林抚育包括9个步骤：劈山——开设火路——炼山——清渣——挖洞——肥土——种树——扩穴、培土——除草砍杂，成本大约为330～380元/亩。一般来说人工杉木6～8年时进行第一次间伐，主伐前可进行3次间伐，3次间伐的总利润大约为1600～1800元/亩。人工杉木26年后可主伐，主伐的利润大约为3000～5000元/亩。再考虑到造林和幼林抚育的成本，人工杉木采伐的总利润大约为4220～6420元/亩。林改后，永安市户均达到了30亩林地。假设这30亩林地全栽种杉木，单个家庭杉木采伐的纯收入达12.66万～19.26万元。营林收入构成了农民家庭收入重要组成部分，方案编制预期的经济效益显著。

森林经营简易方案对森林经营包括造林、幼林抚育、抚育间伐以及采伐等营林的关键环节要求按照《福建省造林类型表》《福建省森林经营措施类型表》和《福建省森林采伐技术规范》的技术要求实施。《福建省造林类型表》对福建省主要的森林经营类型按其立地质量等级、造林类型号、树种组成的不同相应地规范了株行距，林地清理方式，整地方式及规格，混交方式，造林的方法、季节、苗木规格，前四年幼林抚育的具体方式。《福建省森林经营措施类型表》对福建省主要的森林经营类型按其树种及其林分特征的不同相应地规范了幼林抚育、抚育间伐、成林抚育保护、竹林抚育等经营措施类型，并介绍了各类经营措施类型的具体营林措施。《福建省森林采伐技术规范》要求对皆伐、渐伐、用材林抚育采伐、低产用材林改造采伐、更新采伐的适用范围以及相应的技术要求都做了具体的规范。上述的这些技术规范渗透了森林可持续经营的思想，充分考虑了森林经营的生态效益、林地生产力等关键因子。林农在这些营林技术的规范下科学经营森林能找准森林生态、社会和经济效益最佳统一的切合点，走森林资源可持续发展的道路。

(3)农户基本了解森林经营方案且编案的意愿强烈。福建省永安市大部分农户是闽南人，具有信息获取渠道多，经济头脑灵活等典型特征，因此，接受新事物的能力较强，加上森林资源管理总站及各乡镇基层林业站对林农编案的问题宣传到位，当地农户基本了解森林经营方案且编案的意愿强烈。通过问卷调查发现，90%的林农了解森林经营方案，参与编制的林农占总调查户数的63.7%。

(4)林业合作经济组织的兴起与发展。永安市林农一直比较注重森林的联合经营，如洪田村早在1998年林改时，村民就自我联合，形成16个联合经营组，每组34~68人，实行联户经营。当前林改过程中，永安市政府主动介入，积极推动林业合作组织建设，引导林农个体之间开展联合经营，并且还出台一系列优惠政策。在林农的自觉要求和政府的大力鼓励下，永安市涌现出大量的林业合作经济组织。截至2011年，全市共组建各类林业合作经济组织480个，其中家庭合作林场110个、股份合作制林场69个、“公司+农户+基地”合作型林场5个、农民林业专业合作社81个、林业专业(行业)协会215个，各类林业合作经济组织经营面积达90万亩(http://www.sm.gov.cn/nlb/xwdt/lydt/201103/t20110330_128777.htm)。大多数的合作社都拟定了章程，成立了理事会等组织机构。林业合作经济组织的建立使小规模的林地连接成片，森林经营达到了一定的规模，林农森林经营方案的编制成为可能。永安市林业合作组织的兴起与发展为林农森林经营方案的编制提供了组织保障。

(5)政府为方案的编制及实施提供了相关支撑。永安市政府对林业合作组织的建设，营林贷款方面进行了政策扶持。一是对林业合作组织成立与发展的政策扶持。取消专业合作社办理注册、变更、注销手续时一切费用。示范专业合作社申请林木资产抵押贷款的，免除林木资产评估费；育林基金实行先征后返，在其更新造林验收合格后，返还育林基金。林业经济合作组织经营面积达3000亩以上的，市财政按照其注册资本总额的一定比例给予专项资金扶持。政策倾斜于运作规范、成效显著的各类林业合作经济组织，如对市竹业协会予以授权，委托其对全市笋产品进行统一包装、统一销售，统一产品质量要求，提高“永安竹叶”品牌的知名度。二是对林业小额贴息贷款的政策扶持。永安市是福建省开展林业小额贴息贷款的7个试点之一，永安市将林业小额贴息贷款作为信贷投放的重点之一，加大对林业的投放比例，使林业贷款占农业贷款总量的四分之一以上。省级财政试点期间每年安排永安市一定数额的贴息补助。

(6)方案的编制采用现代新技术。永安市小班调查采用森林资源监测管理应用系统平台绘制的1:10000林业基本图与林改林权发证的宗地图相结合，航片判读与地面调查相结合，仪器测定与目视判定相结合的技术方法。启用了森林资源监测管理应用系统平台，将森林培育和森林采伐的技术规程编制有关软件，建立7个子系统，由计算机直接运行，落实到山头地块。现代新技术的引进使林农森林经营方案的编制简单易行，科学可靠，为方案的编制工作提供了技术保障。

5.1.2.5 永安市林农森林经营方案可推广评价

永安林农森林经营方案的编制与实施在南方集体林区有许多可以借鉴和推广的方面：

(1)自下而上的编制模式。永安市森林经营方案的编制改变了以往自上而下的编制模式，而是采用自下而上的编制模式。林农是森林经营方案的编制与实施主体，从编案的申请、编案的内容设计、方案的具体实施到方案的监督，林农都参与其中，并且起着主导作用。林业主管部门主要是执行指导、监督和服务的职能。这种自下而上的编制模式导致编制的森林经营方案不仅是指导林农科学培育森林的中长期计划，更是林农自主经营森林的智慧结晶，符合南方集体林区社会、经济、文化以及森林资源的实际，具有较强的现实操作性。

(2)编案前透彻细致的宣传。集体林区历史上方案的编制工作主要是林业主管部门的技术人员参与，绝大多数林农根本不了解森林经营方案的实质，缺乏编案的自觉性甚至抵制方案的编制工作。永安市在林农森林经营方案编制工作开展前对林农进行了深入细致的宣传工作，使林农了解方案编制与实施的好处，为以后方案的编制和实施工作打下了良好的群众基础，值得南方集体林区各县市借鉴。

(3)基层林业站人员参与方案编制。永安市为了解决林农森林经营方案编制人员奇缺的问题，要求基层林业站获得伐区调查设计资格证的技术人员参与方案的编制工作。基层林业站技术人员参与方案的编制工作在一定程度上缓解了编案人员短缺的压力。就南方集体林区各县市的实际来看，普遍存在着具有丙级以上林业调查规划设计资质的单位数量极少，编制人员有限，难以完成林农庞杂的编制任务的问题。永安市启用基层林业站技术人员参与方案的编制工作值得推广。

(4)林业合作组织的建立与完善。永安市林业合作组织在政府的鼓励和一系列优惠政策的扶持下蓬勃发展，成为林农编制森林经营方案的基本单位，同时也为森林经营方案的实施提供了基本保障，有效地解决了林改后林农超小的林地规模难以实现经营方案编制的难题，应该作为一种经验在南方集体林区各县市大力推广。

(5)现代编制技术的应用。永安林农森林经营方案的编制过程中使用了福建省主管部门组织开发的“福建省森林资源监测管理应用系统”，提高了编案的效率和精确度，应该在全国集体林区普及。

(6)政府的政策扶持。林农森林经营方案的编制与实施是一个庞大系统工程，涉及资金、组织、人力资源、制度等，这些都需要政府的积极支持。永安市政府对合作组织的建设，营林贷款方面进行了政策扶持，促进了方案的编制与实施，值得集体林区各县市借鉴。

5.1.3 林农森林经营方案编制与实施情况的调查分析

5.1.3.1 林农了解森林经营方案的程度

在接受调查的145户林农中，基本了解森林经营方案有69人，占调查样本总数的48%，而仅永安地区就有62人，其他调查地区仅7人，仅占其样本数的10%。所有调查地区“略知一些，但不是很清楚”的林农有18人，占样本总数的12%。完全不了解森林经营方案的林农有58人，占样本总数的40%；而永安地区仅5人，占其样本总数的6%；其他地区有53人，占其样本总数的70%。具体情况见表5-3。可见，永安作为林农森林经营方案编制开展较好的地区，林农对森林经营方案的了解程度较高，而其他地区林农对森林经营方案的了解程度很低，从图5-2可以清晰地看出它们之间的差距。

表5-3 林农对森林经营方案的了解程度

问题	了解程度	所有调查地区		永安地区		其他地区	
		频数	百分比	频数	百分比	频数	百分比
你了解什么是森林经营方案吗?	基本了解	69	48%	62	83%	7	10%
	略知一些不是很清楚	18	12%	8	11%	10	14%
	完全不了解	58	40%	5	6%	53	76%
	合计样本数	145		75		70	

数据来源：林农调查数据的整理。

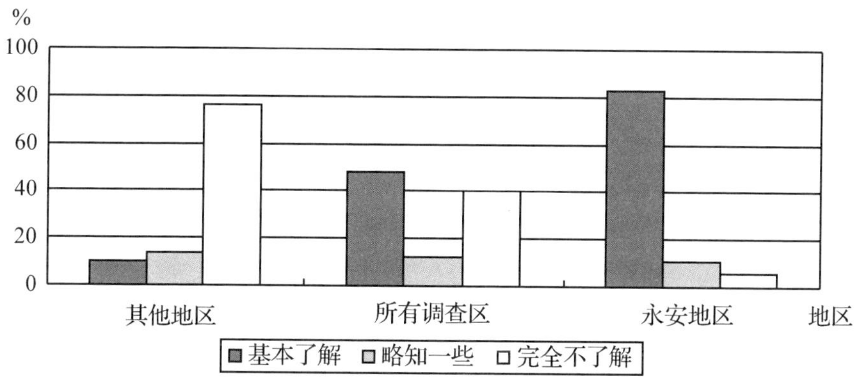

图5-2 不同调查地区林农对森林经营方案了解程度

5.1.3.2　林农参与森林经营方案编制的意愿与方式

在接受调查的145户林农中，愿意参加森林经营方案编制的林农有83户人，占编制总数的57.2%，41户林农持无所谓的态度，还有21户林农明确表示不愿意编制森林经营方案，仅占调查总数的14.48%。而这62户对森林经营方案持“无所谓”或“不愿意编制”的林农，其理由为“完全不了解森林经营方案的”有58人。这就意味着其中有一部分林农在了解森林经营方案后有愿意参与编制的可能，只是信息不对称，导致了愿意编制方案的比例缩小，这一推断在了解森林经营方案的永安地区完全得以验证。在福建永安地区，已经开展林农经营方案的编制工作，林农对森林经营方案比较熟悉，接受调查的75户林农中有65户林农愿意参加森林经营方案的编制，占当地调查样本总数的86.67%。

为了了解林农参与森林经营方案编制方式的偏好，在设计问卷调查时安排了一个相关问题“您愿意以什么方式参与森林经营方案的编制?”统计结果显示，愿意参加森林经营方案编制的83户林农中，选择“参与合作组织的编制”的林农有46户，占样本总数的55.42%。远远超过其他几种编制方式占样本总数的比例。具体情况见表5-4。可见，以合作组织的方式参与森林经营方案编制是林农比较偏爱的方式。

表5-4　林农参与森林经营方案编制方式的意愿调查表

问　题	选项	频数	百分比(%)
您希望以什么方式参与森林经营方案的编制?	参与合作组织的编制	46	55.42
	林农单独编制	13	15.67
	村联合编制	12	14.46
	乡(镇)联合编制	7	8.43
	县统一编制	5	6.02

5.1.3.3　林农从森林经营方案中获得的收益

在“通过森林经营方案的编制，您家得到了下列什么效果?”这一问题的调查中，已经参与森林经营方案编制的41户林农，按其得到效果的大小在“没有效果”“效果很小”“效果一般”“效果较大”以及“效果很大”这五个选项中进行了选择。经统计后发现：林农从森林经营简易方案中获得的主要收益主要表现在以下六个方面：一是明确了采伐量、方式及时间；二是明确了抚育间伐时间及措施；三是明确了造林时间及用苗数量；四是有利于采伐指标的获取；五提高了林农的收入；六是有利于森林的永续利用。对于这六项服务功能，被访者认为“效果较大”及“效果很大”的比率和都超过了60%(表5-5)。

表 5-5 林农从森林经营方案中获得的收益

获得的收益	选项	%	获得的收益	选项	%	获得的收益	选项	%
明确了采伐量、方式及时间	没有效果	3.92	有利于获得营林资金	没有效果	25.49	有利于采伐指标的获取	没有效果	0
	效果很小	2.80		效果很小	35.29		效果很小	3.92
	效果一般	6.69		效果一般	27.45		效果一般	5.88
	效果较大	36.41		效果较大	7.84		效果较大	25.49
	效果很大	38.41		效果很大	3.92		效果很大	64.71
提高了森林经营水平	没有效果	9.73	有利于技术培训	没有效果	21.10	明确了抚育间伐时间及措施	没有效果	1.96
	效果很小	10.69		效果很小	29.02		效果很小	7.84
	效果一般	19.61		效果一般	23.53		效果一般	15.69
	效果较大	31.41		效果较大	15.88		效果较大	29.41
	效果很大	27.57		效果很大	10.47		效果很大	45.10
节省了劳动力	没有效果	21.57	增强了风险抵御能力	没有效果	15.69	明确了造林时间及数量	没有效果	0
	效果很小	33.33		效果很小	21.57		效果很小	3.92
	效果一般	25.49		效果一般	35.29		效果一般	11.76
	效果较大	11.76		效果较大	23.53		效果较大	23.53
	效果很大	7.84		效果很大	3.92		效果很大	60.78
有利于森林的永续利用	没有效果	9.80	明确了营林的成本和收入	没有效果	57.67	提高了林农的收入	没有效果	3.92
	效果很小	11.76		效果很小	18.47		效果很小	5.88
	效果一般	17.73		效果一般	7.73		效果一般	17.65
	效果较大	30.37		效果较大	9.11		效果较大	29.41
	效果很大	30.33		效果很大	7.02		效果很大	43.14

数据来源：根据林农调查的数据整理。

从图 5-3 可以清晰地看出，林农认为森林经营简易方案最显著的功能是有利于采伐指标的获取。25.49% 的林农认为效果较大，64.71% 的林农表示效果很大，两者之和达到了 90.2%。这主要与林业主管部门的宣传及政策有关，永安市森林资源管理总站对编制了森林经营方案的经营主体实行“单列指标、单独运作”，即已编制了森林经营方案的经营主体，实行采伐指标单编单列，在指标分配问题上享有优先权，按经营方案采伐。在采伐指标有限的地区，这一政策对林农有相当大的诱惑力，成为林农积极参与森林经营方案编制的主动力。与采伐指标密切相关的是“提高了林农的收入”，由于森林经营方案与采伐指标获取直接挂钩，落实了林农对林木的处置权，保障了林农营林的产权的完整性，保护了林农的正当权益，充分调动林农经营林森的积极性，经营森林成为林农收入增收的主要方式。这在“提高了林农收入”这一项评价中反映很明显，调查者认为“效果较大”及“效果很大”的比率和达到了 72.55%。由于“明确了采伐量、方式及时间；明确了抚育间伐时间及措施；明确了造林时间及用苗数量”这三项服务功能属于森林经营简易方案的内容，林农营林生产按其操作，感受较深刻。因此，调查者认为"效果较大"及"效果很大"的比率和都达到了70%以上。

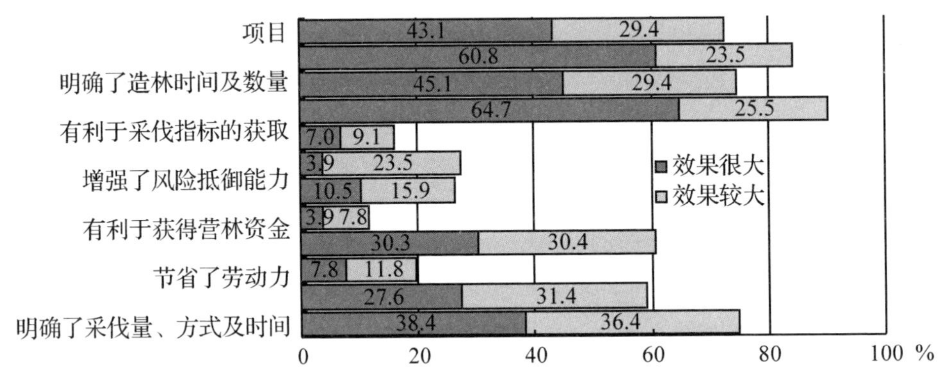

图5-3　林农从森林经营方案中获得的收益比率图

5.1.3.4　林农森林经营方案编制的影响因素分析

(1)林农特征与森林经营方案的编制。本研究选取政治面貌、年龄以及受教育程度这三个因素作为衡量林农特征的主要指标。从表5-6可知，林农的基本特征在编制森林经营方案的林农与未编制森林经营方案的林农之间呈现出较大的差异性。在"政治面貌"(中共党员=1，非中共党员=0)上，编制森林经营方案林农的均值(0.51)大于未编制森林经营方案林农的均值(0.18)。对于"年龄"，编制森林经营方案林农的均值(37.22)远低于未编制森林经营方案林农的均值(44.82)，这说明，林农年龄越低，越愿意编制森林经营方案。在"教育"水平上，编制森林经营方案林农的均值(9.44)大于未编制森林经营方案林农的均值(7.06)，这说明受教育程度越高的林农，更趋向于编制森林经营方案。

表5-6　编案林农与未编案林农的特征比较

	政治面貌	年龄	受教育年限(年)
编制方案的林农均值(标准差)	0.51(0.506)	37.22(6.259)	9.44(2.470)
未编制方案的林农均值(标准差)	0.18(0.387)	44.82(12.114)	7.06(2.752)

数据来源：根据在福建永安对林农的调查数据整理。

为了进一步分析森林经营方案编制与林农特征各个影响因素之间的关系，对各个指标进行了分组。从表5-7可知，对于林农的政治面貌与森林经营方案编制之间的关系，林农中共党员之中编制森林经营方案的百分比(77.78%)远远高于非党员林农参与编制森林经营方案的百分比(41.67%)，这充分说明林农的政治面貌与方案的编制有较明显的相关关系，相对于非党员林农，党员林农更有编案的意愿和要求。本研究根据人的生命周期和样本数量的分布情况，将数据分为四组。调查结果显示，林农的年龄与森林经营方案的编制存在比较明显的相关关系，编案的年龄集中在31～41岁之间，53岁以上的林农在编制森林经营方案方面出现了断层，可见，中青年是方案编制的主力军。对于林农的教育水平，本研究根据其受教育的阶段将其分为四组，调查结果显示，随着林农受教育程度的增加，林农编制方案的比例呈上升趋势（从32%上升到100%），这充分说明，林农受教育的年限越长，林农约愿意参与森林经营方案的编制。林农编制森林经营方案与林农受教育的年限之间呈现出显著的正相关关系。

表5-7 林农特征与森林经营方案编制的关系

		样本数	参与编案人数	百分比(%)
按政治面貌分组	党员	27	21	77.78
	非党员	48	20	41.67
按年龄分组	30岁以下	11	7	63.64
	31～41岁	31	22	70.96
	42～52岁	23	12	52.17
	53岁以上	10	0	0
按受教育年限分组	0～6年	25	8	32.00
	7～9年	38	22	57.89
	10～12年	9	9	88.89
	12年以上	3	3	100.00

数据来源：根据在福建永安对林农的调查数据整理。

（2）营林收入和用材林面积与森林经营方案的编制。为了分析林农编制森林经营方案与营林收入之间的关系，本研究对各指标进行了不同的分组。根据调研地区林农人均收入的变动情况，将林农人均收入分为3组，分组的原则是能够明显反映林农编制森林经营方案和营林收入之间的相关关系。调查结果显示（表5-8），随着营林收入层次的递进，参与编案人数占其相应层次样本数的百分比也是逐渐攀升的，从20.69%上升到80.65%。可见，林农营林收入与森林经营方案的编制之间呈现出较显著的正相关关系。对于林农经营的用材林面积，本研究根据调查区林农分得的用材林面积情况和各组样本数据数量基本相当的原则，将土地面积分成了3组。调查结果显示，用材林面积与森林经营方案的编制存在明显的正相关关系，林农经营的用材林面积越大，其参与用材林森林经营方案的编制的概率就越大，相反，林农经营的用材林面积越小，其参与方案编制的比例越小。

表 5-8 营林收入、用材林面积与森林经营方案编制的关系

		样本数	参与编案的人数	百分比(%)
按营林收入分组	0.6 万元以下	29	6	20.69
	0.6 万~1.2 万元	15	10	66.67
	1.2 万元以上	31	25	80.65
按用材林面积分组	10 亩以下	36	7	19.44
	10~30 亩	22	18	81.82
	30 亩以上	17	16	94.12

数据来源：根据在福建永安对林农的调查数据整理。

(3)合作组织与森林经营方案的编制。调查的75户林农中，参与林业合作组织的林农有43户，而其中的36户参与了森林经营方案的编制，占编案林农总量的87.8%，他们都是以合作组织为单位编制的森林经营方案。林农参与合作组织情况在编制森林经营方案的林农与未编制森林经营方案的林农之间呈现出较大的差异性。编制森林经营方案林农的均值(0.88)远远大于未编制森林经营方案林农的均值(0.21)。这说明，参与合作组织的林农编制森林经营方案的概率越大，反之，没有参与合作组织的林农参与森林经营方案编制的可能性越小。合作组织的数量与森林经营方案的编制呈正相关关系。具体情况见表5-9。同时，在数据统计过程中进一步发现，参与编案的7户小规模用材林(10亩以下)都参与了营林规模较大的林业合作组织，而剩余没有参与编案的小规模用材林都基本上没有加入合作组织。

表 5-9 编案林农与未编案林农的合作组织比较

	样本数	最大值	最小值	均值	标准差
编案林农参与合作组织的情况	41	1	0	0.88	0.33
未编制方案的林农参与合作组织的情况	34	1	0	0.21	0.41

数据来源：根据在福建永安对林农的调查数据整理。

(4)营林技术与森林经营方案的编制。本研究在林农问卷调查中设计了相关的问题来反映林农掌握营林技术的情况(表5-10)，要求林农对“除了传统的营林技术外，通过专门培训或学习掌握了某一方面的营林技术”进行选择。某一方面的营林技术具体是指造林技术、病虫害防治技术、某一种林产品培育技术、采伐更新技术、抚育间伐技术以及森林火灾防治这6项技术。

表 5-10 林农掌握营林技术情况的指标设计

	问卷级别	指标
林农掌握营林技术情况	林农	您是否通过培训或学习掌握了某一方面的营林技术？ 0 = 没有掌握任何一项技术；1 = 掌握了其中某一项技术；2 = 掌握了 2 项技术；3 = 掌握了 3 项技术；4 = 掌握了 4 项技术；>5 = 掌握了 5 项及以上的技术。

从统计的数据来看，林农掌握的营林技术十分有限，没有掌握任何一项营林技术或仅仅掌握一项营林技术的人有 45 人，占样本总数的 62.67%，掌握 4 项营林技术的只有 2 人，总体样本的均值仅为 1.20(表 5-11)。

表 5-11 林农营林技术掌握的基本情况

样本数	最小值	最大值	均值	标准差
75	0	4	1.20	1.103

为了分析林农编制森林经营方案与林农掌握营林技术之间的关系，本研究对其指标进行了不同的分组。根据林农掌握营林技术的项数，将其分为 6 组。分组统计结果显示，林农掌握营林技术的程度与林农参与森林经营方案的编制呈明显的相关关系，随着林农掌握营林技术门数的增多，参与编案人数占其相应层次样本数的百分比也是逐渐递增的，从 48% 上升到 100%(表 5-12)。

表 5-12 林农掌握营林技术情况与森林经营方案的编制

		样本数	参与编案人数	百分比(%)
林农掌握营林技术的数量	0 项技术	25	12	48.00
	1 项 4 技术	22	11	50.00
	2 项技术	18	11	61.11
	3 项技术	8	5	62.50
	4 项技术	2	2	100
	5 项及以上技术	0	0	0

数据来源：根据在福建永安对林农的调查数据整理。

5.1.3.5 林农森林经营方案编制与执行过程中存在问题的调查分析

(1)从林农视角看方案执行过程中需要解决的问题。就已经参与森林经营方案编制的 41 户林农而言，在“在森林经营方案执行过程必须解决的问题”的选择项中，有 37 位林农选择了“营林资金缺乏”，占已编案林农总数的 90.24%；有 35 位林农选择了“营林技术缺乏”这一选项，占已编案林农总数的 85.37%；27 位林农选择了“参与方案的评估和监督”，占样本总数的 65.85%。31 位林农选择了“保持政策的稳定性”这一选项，占样本总数的 75.60%；在与林农进行进一步访谈中了解到林农对“保持政策稳定性”集中在“继续保持现有的产权制度”以及“继续保持采伐指标与森林经营方案挂钩”这两项政策。同时，还有一部分文化素质较高的林农提出希望通过森林经营方案获得更多的优惠政策。25 位林农选择了“缺乏高效运行的合作组织”，占样本总数的 60.9%。进一步对林农调查了解到，绝大多数的林农认为，现有的合作组织对森林经营方案的编制与执行所起的作用不大。

在“你认为缺乏哪些具体的营林技术”这一选项中，有 33 位林农选择了“造林技术”，32 位林农选择了“病虫害防治技术”，30 位林农选择了“非木质林产品培育技术”，15 位林农选择了“采伐更新技术”和“抚育间伐技术”，12 位林农选择了“森林火灾防治技术”。营林技术按缺乏程度从多至少依次排序为：造林技术 > 病虫害防治技术 > 非木质林产品培育技术 > 采伐更新技术；抚育间伐技术 > 森林火灾防治技术。具体情况见表 5-13。

表 5-13　林农希望森林经营方案执行过程中应解决的主要问题

问题	选项	频数	百分比(%)
你认为森林经营方案执行过程中必须要解决哪些问题?	营林资金缺乏的问题	37	90.24
	营林技术缺乏的问题	35	85.37
	保持政策稳定性的问题	31	75.60
	合作组织高效运行的问题	25	60.90
	参与森林经营方案的评估和监督	27	65.85
你认为缺乏哪些具体的营林技术?	造林技术	33	80.49
	病虫害防治技术	32	78.04
	非木质林产品培育技术	30	75.61
	采伐更新技术	15	36.58
	抚育间伐技术	15	36.58
	森林火灾防治技术	12	29.27

数据来源：根据在福建永安对林农的调查数据整理。

(2)从林业主管部门视角看方案编制与实施过程中存在的障碍。本研究对林业主管部门包括国家林业局森林资源利用监管处、3 个样本省林业厅、4 个样本县以及 6 个样本乡镇负责森林经营方案方面的 34 个负责人进行了关于森林可持续经营方案编制与实施过程中存在哪些障碍的问卷调查，经统计发现(表 5-14)，有 31 人认为“保证方案编制与实施的法律不健全”，占样本总数的 91.12。26 人认为“方案编制的技术规范有待改进”，占样本总数的 76.47%。28 人认为“缺乏编制森林经营方案的资金”，占样本总数的 82.35%。仅 6 个人认为森林可持续经营方案编制与执行过程缺乏相应的管理机构，只占样本总数的 17.65%。25 个人认为“缺乏符合资质的编制人员”，占样本总数的73.53%。27个人认为“缺乏落实森林经营方案的技术人员”，占样本总数的79.41%。30人认为“缺乏相应的监督检查制度”，占样本总数的88.24%。21人认为“二类调查的内容有待进一步完善”，占样本总数的61.76%。26人认为林农经营的林地面积太小，占调查总数76.47%。25人认为“林农对森林经营方案不了解”，占样本总数的73.53%。具体情况见表5-14。通过统计数据可知，除了“缺乏相应的管理机构”这一选项外，其他的所有选项所占的比例都超过了60%，都是林农森林可持续经营方案编制与实施过程中存在的主要障碍。根据它们所占比例的大小，从高到低的排序为：相关的法律法规不健全 > 缺乏相应的监督检查制度 > 缺乏编制森林经营方案的资金 > 缺乏落实森林经营方案的技术人员 > 林农经营的林地面积太小 = 方案编制的技术规范有待改进 > 林农对森林经营方案不了解 = 缺乏符合资质的编制人员 > 二类调查的内容有待完善。

表5-14　林业主管部门认为方案编制与实施过程中存在的障碍

问题	选项	频数	百分比(%)
你认为林农森林可持续经营方案编制与执行过程中存在哪些障碍？	相关的法律法规不健全	31	91.12
	方案编制的技术规范有待改进	26	76.47
	缺乏编制森林经营方案的资金	28	82.35
	缺乏相应的管理机构	6	17.65
	缺乏符合资质的编制人员	25	73.53
	缺乏落实森林经营方案的技术人员	27	79.41
	缺乏相应的监督检查制度	30	88.24
	二类调查的内容有待完善	21	61.76
	林农经营的林地面积太小	26	76.47
	林农对森林经营方案不了解	25	73.53

数据来源：根据对林业主管部门负责人的调查资料整理。

5.2　森林资源经营管理中的林业合作组织调查分析

5.2.1　林改后林业合作组织模式

林改后，林农和林业主管部门都有了发展林业合作的强烈意愿，在政府和林业主管部门的推动和林农的积极参与下，形成了各种类型的新型林业合作组织。湖南省林业合作组织的主要模式有：股份合作林场、专业协会、林业理事会、联户合作经营、其他合作模式，其中以林业理事会的数量最多。江西省林业合作组织的主要模式有：股份合作林场、专业协会、专业造林队(公司)、林业“三防”

协会，其中以股份合作林场和林业“三防”协会为主。福建是林改的领头省，林改进行的最为长久和彻底，组建的林业合作组织也是最多的一个省份。福建省林业合作组织的主要模式有：家庭合作林场、股份合作林场、企业参与办原料林基地、林业专业协会，其中以家庭合作林场的数量最多。

5.2.2 林农参与林业合作组织的意愿调查分析

在接受调查的145户林农中，愿意参加林业合作组织有119户，占调查总数的82.1%，19户林农持无所谓的态度，仅有7户林农明确表示不愿意参与林业合作经济组织。进一步对这119户愿意参与林农的参与形式的意愿分析显示，在林农可以进行多项选择的条件下，79.3%的林农愿意参加“三防”专业协会或林业理事会，面临着户多山少、点多面广，防火、防病虫、防乱砍滥伐等森林经营成本增加，抵御灾害能力降低的困境，有解决上述困境的迫切要求，江西省和福建省林业主管部门为解决林农的这一困境，以村为单位成立了“三防”专业协会，而湖南则以村为单位成立了类似性质的“林业理事会”。“三防”专业协会的费用一般是由林业管理部门和村集体共同支付，而“林业理事会”的经费来源一般是按每年每亩1~2元的标准收缴会员费，同时接受各级政府部门、企事业单位、社会团体的资助。可见，林农的现实需求和较小的合作成本是绝大多数林农选择“三防”专业协会或林业理事会的关键所在。64.8%的林农选择家庭联户经营的形式，林农认为小范围的自愿联户便于管理、决策、信息的交流沟通以及利润的分配，是一种比较理想的合作形式。仅18.6%的林农选择股份合作林场的合作形式，主要原因一是一般林农认为投入资金太多，成本太高；二是当前农村比较成功的林业股份合作林场的数量比较少，林农对股份合作组织的管理水平和利益分配问题有许多质疑的地方。具体情况见表5-15。

表5-15 林农参与不同形式林业合作组织的意愿

合作经济组织形式	愿意参与的林农户数	愿意参与林农的百分比(%)
股份合作林场	27	18.6
“三防”专业协会或林业理事会	115	79.3
家庭联户经营	94	64.8
林业专业协会	75	51.7

5.2.3 林业合作组织的服务功能调查分析

在“通过参加林业合作组织，您家得到了下列什么好处?”这一问题的调查中，已经参加林业合作经济组织的72户林农，按其得到好处的大小在“没有好处”“好处很小”“好处一般”“好处较大”以及“好处很大”这五个选项中进行了选择，具体统计结果见表5-16。

表5-16 林业合作组织的功能极其评价

服务功能	选项	%	服务功能	选项	%	服务功能	选项	%
统一购买树种、肥料、杀虫剂等生产资料	没有好处	9.05	森林经营技术指导	没有好处	11.34	提供“三防”服务	没有好处	0.23
	好处很小	13.30		好处很小	11.39		好处很小	4.47
	好处一般	10.51		好处一般	29.18		好处一般	17.87
	好处较大	24.28		好处较大	29.91		好处较大	26.13
	好处很大	42.86		好处很大	13.63		好处很大	51.30
联合销售，提高销售价格	没有好处	19	为会员提供市场信息	没有好处	12.7	为会员编制森林经营方案	没有好处	34.23
	好处很小	4.8		好处很小	9		好处很小	28.72
	好处一般	24.3		好处一般	16.3		好处一般	17.65
	好处较大	32.9		好处较大	22.8		好处较大	7.3
	好处很大	19		好处很大	39.1		好处很大	12.1
为会员提供各种培训	没有好处	30.36	为会员办理林业贷款，提供担保	没有好处	25.32	节省了劳动力	没有好处	3.56
	好处很小	31.33		好处很小	21.57		好处很小	12.49
	好处一般	25.49		好处一般	31.22		好处一般	21.76
	好处较大	8.82		好处较大	13.53		好处较大	23.53
	好处很大	4		好处很大	8.36		好处很大	38.66

数据来源：根据林农调查的数据整理。

从表5-16可以看出：第一，从统一购买树种、肥料、杀虫剂、加工设备、防火器材等生产资料来看，24.28%的调查者表示，好处较大，42.86%的调查者认为好处很大，两者的和达到了67.14%。第二，从森林经营技术指导来说，11.34%的调查者认为没有好处，11.39%的调查者认为好处很小，认为好处较大和好处很大的比例为43.04%，还没有过半。这意味着森林经营指导技术不是当前森林经营合作组织的主导功能，许多林业合作组织没有对林农进行营林技术指导。第三，从提供“三防”服务来看，调查者认为好处较大和好处很大的比例之和达到了77.13%，而认为其没有好处的仅为4.7%。这表示当前绝大多数的林业合作组织都为会员提供了“三防”服务。第四，从联合销售，提高销售价格来看，调查者认为好处较大和好处很大的比例之和达到了51.9%，这表示将近一半的合作组织为会员提供了此项服务内容。第五，从为会员提供市场信息来说，22.8%的被访者认为好处较大，39.1%的被访者表示好处很大，两者之和达到了61.9%，可见，绝大多数的林业合作组织为其会员提供市场信息。第六，从为会员编制森林经营方案来看，认为没有好处和好处很小的比例和达到了62.95%。这主要是当时的林业合作组织从未为林农编制过森林经营方案，林农没有直接从中受益。第七，从为会员提供各种培训来看，认为其好处很大和较大的比例和仅为12.32%，可见，绝大多数的林业合作组织没有为其成员提供培训的机会。第八，从为会员办理林业贷款，提供担保来看，认为其好处很大和较大的比例和仅为21.09%，这表示许多林业合作组织没有为会员办理林业贷款，提供担保，或许是没有开展此项服务或许是没有能力为其成员办理林业贷款，提供担保，有待进一步研究。第九，从节约劳动力来看，调查者认为其好处很大和较大的比例和达到了61.19%，这表示绝大多数的林业合作组织都让其会员节约了劳动力。

因此，当前林业合作组织的主导服务功能主要有4项：一是提供了“三防”服务，即：提供了防火、防盗和防病虫害的服务；二是统一购买树种、肥料、杀虫剂等生产资料；三是为会员提供市场信息；四是节省了劳动力。对于这4项服务功能，林农认为“好处较大”及“好处很大”的比率和都超过了60%（图5-4）。

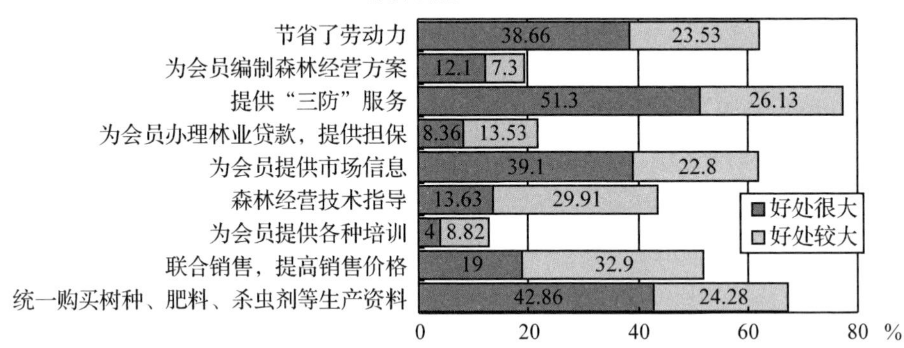

图5-4　林业合作组织功能分布图

5.2.4　林业合作组织内部制度建设与运行情况调查分析

为了进一步了解调查区林业合作组织的内部建设情况，本研究除了大量的收集第二手资料外还对调查区30个林业合作组织进行了相关的调查，其中合作组织的分布是福建省14个（永安7个，邵武7个）、江西省（铜鼓县8个）、湖南省8个（芷江县8个）。下面就收集的二手资料以及调查的一手资料对调查区内部制度的建设及运行情况进行分析。

从调查省及地区林业合作组织的登记情况来看（表5-17），江西省在工商管理部门和民政部门进行登记仅154家，尚未登记的有4091家，占总数的96.37%。湖南省在工商管理部门和民政部门进行登记的有1082家，仅占总数的12%，尚未登记的有4936家。福建省南平市共有491家林业合作组织，还没有进行登记的有197家，占总数的51%。福建省永安市现有466家林业合作组织，已经登记的有 54 家，占总数的 12%，尚未登记的有 412 家，占总数的 88%。

表 5-17 调查区省及地区林业合作经济组织登记情况表

登记情况		工商部门	民政部门	尚未登记
江西	数量	150	4	4091
	比例(%)	3.53	0.09	96.37
湖南	数量	941	141	4936
	比例(%)	15.6	2.4	82.02
福建南平市	数量	28	166	197
	比例(%)	7	42	51
福建永安市	数量	54	—	412
	比例(%)	12	—	88

从调查区林业合作组织制定章程以及实施的具体情况来看(表 5-18)，接受调查的 30 个林业合作组织中制定章程的有 25 个，占调查总数的 83.3%，仅 5 个没有指定相关的章程。进一步对会员咨询发现，完全按章程实施的林业合作组织仅 14 个，占调查总数 46.6%。

表 5-18 被调查林业合作组织制定章程及实施情况

被调查的林业合作组织	制定章程	完全按章程实施
数量	25	14
百分比(%)	83.3	46.6

从林业合作组织组建的方式来看(表 5-19)，福建省政府兴办的林业合作组织约占全省林业合作组织总数的 46%，包括林业基层组织、村级组织以及科技部门。林农自发兴办的林业合作组织占到 33.2%。福建南平市由乡村干部以及科技部门兴办的林业合作组织有 326 个，占总数的 83%。林农自发组建的林业合作组织 20 个，占总数的 20%。可见，政府是林业合作组织的主办力量。

表 5-19 福建省及南平市林业合作组织兴办的力量

领办的力量		林业基层部门	村级组织或乡村干部	科技部门科技人员	城镇干部职工	企业	林农
福建	数量(个)	454	588	85	385	105	809
	占总数的比例	18.7%	24.2%	3%	15.9%	4%	33.2%
南平	数量(个)	—	231	95	—	25	20
	占总数的比例	—	59%	24%	—	7%	7%

从林业合作组织内部的重大决策来看，对于林业合作组织内部的重大决策问题，采用一人一票方式民主决定的林业合作组织有 12 个，占样本总数的 40%。

由理事会决定的林业合作组织有6个，占样本总数的20%。基本上由会长一人说了就算数的林业合作组织有8个，占样本总数的26.7%。还有4个林业合作组织的服务内容和方式比较固定和简单，不需要做出什么重大的决策，占样本数的13.3%。具体情况见表5-20。

表5-20 被调查林业合作组织的重大决策方式分布情况表

项目	频数(个)	有效百分比(%)	累计百分比(%)
一人一票	12	40.0	40.0
理事会决定	6	20.0	60.0
会长决定	8	26.7	86.7
不需要决策	4	13.3	100.0
总计	30	100.0	—

从林业合作组织覆盖的范围来看，接受调查的30个林业合作组织中有22个林业合作组织属于本乡本村，占总数的73.3%。跨村的有6个，占总数的20%，跨乡的有2个，占总数的6.7%(表5-21)。可见，绝大多数的林业合作组织是村级以下的，规模小，带动的林农数量少。

表5-21 被调查林业合作组织覆盖范围分布情况表

项目	频数(个)	有效百分比(%)	累计百分比(%)
本乡本村	22	73.3	73.3
本乡跨村	6	20.0	93.3
本县跨乡	2	6.7	100.0
本市跨县	0	0	100.0
总计	30	100.0	—

从政府部门对林业合作组织的扶持项目来看，在可以进行多项选择的情况下，30个林业合作组织中有8个林业合作组织获得了政府的技术支持和培训指导，占总数的26.67%，9个林业合作组织得到了政府的信息帮助，占样本总数的30%，4个林业合作组织得到了政府的资金补助，占样本总数的13.33%，6个林业合作组织得到了政府的物质扶持，占样本总数的20%，还有7个林业合作组织没有得到政府的任何扶持，占样本总数的23.33%。具体情况见表5-22。

表5-22 被调查的林业合作组织获得政府部门帮助的情况

项目	频数	百分比(%)
技术扶持	8	26.67
信息帮助	9	30.00

（续）

项目	频数	百分比(%)
资金补助	4	13.33
贷款帮助	2	6.67
物质扶持	6	20.00
培训指导	8	26.67
没有任何扶持	7	23.33

5.2.5 林业合作组织在森林资源经营管理中的作用分析

5.2.5.1 联户经营是林农森林可持续经营方案编制的前提

森林可持续经营方案编制的基本前提是一定规模的森林，这在学术界和实际生产中已达成共识。湖南省林业厅要求1500亩以上森林经营者可以单独进行森林经营方案的编制。2009年为了推动“商品材采伐指标入村到户工程”，在试点县开展了新一轮的新造用材林简易经营方案编制工作。编制对象是2006年以来新造林60亩以上保持率85%以上的人工用材林及短轮伐工业原料林，森林经营的规模为60亩。福建省林业厅将经营面积5千亩以下的划为三类编案单位，编制简易森林经营方案。虽然只规定森林经营方案编制的上限，没有具体规定森林经营方案编制规模的下限。但是在实际的森林经营方案编制的过程中是以合作组织为单位进行森林经营的编制工作，最小的森林经营方案编制规模达到了400亩。

从南方集体林区林权改革的实践来看，明晰产权的形式主要有两种：一种形式是坚持分股不分山、分利不分林的做法，只是将集体山林划分到村民小组，没有再具体细分到户。这种明晰产权的形式，本身就具备了联户经营的内在基础。另一种形式是均山到户，将集体山林均等划分到各家各户，将均山、均利完全相结合。这种明晰产权的形式将集体山林分到千家万户，森林经营面积变小，林地完全零碎化。少林地区，有的林农仅分到几亩林地。从福建的调研情况来看，福建作为林业大省，林地资源丰富，其一般林区每个农户的经营规模也仅在30～50亩。以这种超小规模森经营为编制单位进行经营方案的编制工作是一项编制成本大于编制收益的毫无意义的工作。因此，引导林农在自愿互利的基础上进行联户经营，扩大森林经营的规模，是林农森林可持续经营方案编制的基础和必要准备。

5.2.5.2 合作组织为森林可持续经营方案编制及实施提供基本保障

合作组织为森林可持续经营方案编制及实施提供基本保障表现为合作组织的建立与完善有利于森林可持续经营方案的编制，能增强林农实施森林可持续经营方案的能力。

林农森林经营方案的编制主要是缺乏编制的技术人员以及编制所需的资金。而健全和规范的森林合作组织能有效地解决以上两个问题。首先，森林经营合作组织内部的技术人员能担当编制森林可持续经营方案的工作。森林经营合作组织内部的技术人员经过技术培训，能掌握编制森林经营方案的技能，承担起为其组织编制森林可持续经营方案的工作。同时，相对于林业规划设计院和基层林业站技术人员而言，森林经营合作组织在编案方面还具有自身的优势。森林经营合作组织内部的技术人员对本组织管辖森林资源的基本情况、会员情况都相当熟悉，这既有利于编案前的森林资源调查，又能使编制出来的森林可持续经营方案符合当地森林经营的实际，充分体现会员的心声，具有较强的现实操作性。其次，规范、高效的森林经营合作组织也是经济合作组织，能在内在的组织运行上增强内在的造血功能，从而保证编案的资金供给。由于两者的经济地位平等，利润均分，从而保证新增的合作收益向合作双方均等分配，合作双方同时增加了经济收益，实现"双赢"的局面。最后，两者在更大的共同利益基础上开始下一轮的合作，合作制实现了有效率的经济良性循环。换言之，林农之间的自愿合作在实现整体利益最大化的同时也让每个林农获得的利益呈现出最大化的状态。因此，森林经营合作组织和单家独户的林农相比，能集聚大量的资金，从而保证森林经营方案编制的必需资金。

5.2.5.3　增强了林农实施森林可持续经营方案的能力

林权改革后，林农成为森林经营的主体，也是直接实施森林经营方案的主人。然而林农是社会中的弱势群体，能力有限，难以实施森林可持续经营方案。能力有限具体表现为：一是缺乏实施森林可持续经营方案的资金；二是缺乏实施森林可持续经营方案的营林技术，森林可持续经营方案要求林农以可持续经营方式经营森林，换句话就是说，林农在经营森林的具体操作过程中要遵循贯彻"森林可持续经营思想"的技术规范。然而，林农对这些技术规范不了解，急需培训。森林经营合作组织的建立和完善能增强林农森林经营的能力，从而使林农能顺利地实施森林可持续经营方案。

林农通过森林经营合作组织的建立和完善能增强自己的能力，具体表现为：

(1)森林经营合作组织能为会员提供优质的培训和教育，促使林农掌握营林技术。在实践中，在对林农进行技术培训的主要部门是基层林业站，而在实地调研中，我们发现基层林业站难以担此重任。关键在于一方面林农数量众多，基层林业站技术人员的数量和精力有限，无法应对庞大的培训队伍，往往顾此失彼。另外，林农教育程度、营林技术水平参差不齐，难以做到因材施教。然而，森林经营合作组织的建立于完善能在很大程度上解决上述问题。首先，对会员进行教育和培训是规范的合作组织应当履行的职责。其次，森林经营合作组织的会员基本上都是林农，合作组织对自己组织中的会员情况十分了解和熟悉，能针对他们的实际情况，开展有针对性的教育与培训。再次，随着森林经营合作组织的兴起与发展，以合作组织为单位实施对林农的培训，能分解、分流庞大的林农培训对象，从而完成培训任务。

(2)规范、高效的森林经营合作组织既可以通过内部融资，积累营林生产的资金，也可以承担起为会员提供担保，办理林业贷款业务，从而保障会员森林经营必需的资金。

5.3 森林资源经营管理人力资源调查分析

5.3.1 基层林业站人员素质分析

5.3.1.1 基层林业站人员的受教育程度构成

福建省是林业大省，和其他省份相比，属于基层林业站发展较好的省份。从福建省来看，福建省乡镇基层林业站工作人员总数为3838人，其中，大专以上的学历有2156人，占职工总数的56.18 %；中专学历有856人，占职工总数的22.30%；高中文化的职工有593人，占职工总数的15.45 %，初中以下学历的职工有233人。从湖南省来看，湖南省乡镇基层林业站工作人员总数为12613人，其中，大专以上的学历有4961人，仅占职工总数的39.33%，而初中及以下学历的职工有1003人，占职工总数的7.95%。江西省和其他两省相比，基层林业站人员的文化素质相对低些，江西省乡镇基层林业站工作人员总数为4849人，其中，大专以上的学历有1683人，占职工总数的34.71%，而初中以下学历的职工有508人，占职工总数的10.48%。具体情况见表5-23。

表5-23 2013年湖南省、福建省、江西省乡镇基层林业站人员受教育程度统计表

省份		大专以上	中专学历	高中文化	初中以下	合计
福建省	数量(人)	2156	856	593	233	3838
	百分比(%)	56.18	22.30	15.45	6.07	
湖南省	数量(人)	4961	3246	3403	1003	12613
	百分比(%)	39.33	25.74	26.98	7.95	
江西省	数量(人)	1683	1159	1499	508	4849
	百分比(%)	34.71	23.90	30.91	10.48	

数据来源：国家林业局. 中国林业统计年鉴2013. 中国林业出版社，2014。

5.3.1.2　基层林业站人员的职称结构

从福建省来看，乡镇基层林业站中级以上专业技术人员有1365人，占职工总数的35.57%，初级以下职称的职工还有980，占职工总数的25.53%。全省基层林业站专业技术人员高、中、初级及其以下3级的比例为1:6:13。从湖南省来看，中级以上专业技术人员仅有1899人，占职工总数的15.06%，专业技术人员中初级及以下职称的还有7274人，占职工总数的57.67%。全省基层林业站专业技术人员高、中、初级及其以下3级的比例为1:11:67。从江西省来看，中级以上的专业技术人员仅有788人，仅占职工总数的16.25%，而初级及以下的专业技术人员达到2611人，占职工总数的53.85%。全省基层林业站专业技术人员高、中、初级及其以下3级的比例为1:6:34。具体情况分别如图5-5、见表5-24。

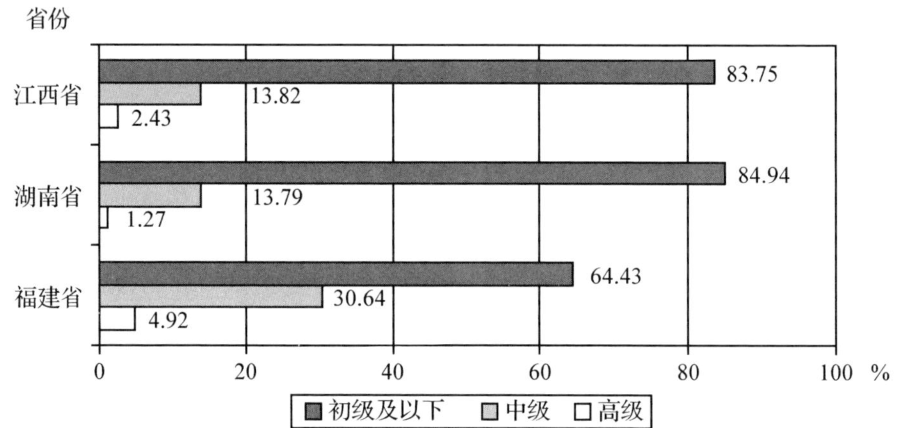

图5-5　福建、江西、湖南乡镇基层林业站人员职称结构图

表5-24　2013年湖南省、福建省、江西省及地区乡镇基层林业站人员职称统计表

省份和地区		高级	中级	初级	初级以下	合计
福建省	数量(人)	189	1176	1493	980	3838
	百分比(%)	4.92	30.64	38.90	25.53	
湖南省	数量(人)	160	1739	3440	7274	12613
	百分比(%)	1.27	13.79	27.27	57.67	
江西省	数量(人)	118	670	1450	2611	4849
	百分比(%)	2.43	13.82	29.90	53.85	

数据来源：国家林业局．中国林业统计年鉴2013．中国林业出版社，2014。

5.3.2 林业调查设计队伍调查分析

5.3.2.1 林业调查规划设计队伍的总体情况

截至2011年年底，福建省共有105个林业调查规划设计单位，在职人员2653人。其中：甲级1个，乙级33个、丙级72个。湖南省有178个林业调查规划设计单位，在职人员2930人。其中省级林业规划设计单位1个，市级林业规划设计单位14个，县级林业调查规划设计单位73个，国有林场及营林公司林业调查规划设计队90个。有177个林业调查队(院)获得林业调查规划设计资格证书，其中：甲级4个、乙级12个、丙级52个、丁级109个。

5.3.2.2 林业调查设计队伍从业人员学历构成

从福建林业规划设计队伍在职人员的学历来看，本科以上林业专业的人员仅698人，仅占在职人员总数的26.3%。大专以下学历的人员有388人，占在职人员总数的14.6%，各种学历的非林专业的人还有114人。从湖南林业规划设计队伍在职人员的学历来看，本科以上人员仅577人，仅占在职人员总数的19.7%。大专学历的在职人员有967人，占在职人员总数的33%，大专以下学历的人员还有1386人，占在职人员总数的47.3%。具体见表5-25。

表5-25 福建、湖南林业规划设计队伍从业人员学历构成表

在职人员学历		研究生以上	本科	大专	大专以下	合计
福建	数量(人)	47	687	505	388	2653
	百分比(%)	1.8	25.9	19.0	14.6	
湖南	数量(人)	11	566	967	1386	2930
	百分比(%)	0.4	19.3	33.0	47.3	

5.3.2.3 林业调查设计队伍从业人员职称构成

从福建林业规划设计队伍在职人员的职称构成来看，正高级工程师仅10人，仅占在职人员总数的0.4%，初级及其以下职称人员共有797人，占在职人员总数的30.1%。从湖南林业规划设计队伍在职人员的职称构成来看，中级及其以上职称的人员共1011人，占在职人员总数的34.4%。初级及其以下职称人员共有1919人，占在职人员总数的65.6%。具体情况见表5-26。

表5-26 福建、湖南省林业规划设计队伍从业人员职称构成表

在职人员职称		正高级	副高级	中级	初级	技术人员	其他	合计
福建	数量(人)	10	179	625	548	198	51	2653
	百分比(%)	0.4	6.8	23.6	20.7	7.5	1.9	

（续）

在职人员职称		正高级	副高级	中级	初级	技术人员	其他	合计
湖南	数量(人)	7	206	798	824	257	838	2930
	百分比(%)	0.2	7.0	27.2	28.2	8.8	28.6	

5.3.3 森林经营合作组织人员基本情况调查分析

5.3.3.1 森林经营合作组织的技术力量构成

为了了解森林经营合作组织人员的技术含量，在设计问卷调查时主要设置了两个指标：技术人员数量及职称构成，技术来源渠道。统计结果显示，调查了30个森林经营合作组织，其中技术人员仅有32人。平均每个森林经营合作组织拥有的技术人员数量仅为1.1人，而这32个技术人员对应的会员总数为1560人，也就是说百名会员的技术人员占有量约为2.1个。同时，实地调查还发现，还有4家森林经营合作组织中竟然没有一个技术人员，只是普通林农之间的联合而已。从这32名技术人员的技术职称来看，拥有中级职称以上的技术人员仅5名，占技术人员总数的15.7%，而其中拥有高级职称的技术人员仅1名。而拥有初级职称以及没有任何职称的技术人员共有27人，占技术人员总数的84.3%。被调查森林经营合作组织技术人员高、中、初3级的比例为1:4:27。具体情况分别见表5-27、如图5-6。

表5-27 被调查森林经营合作组织技术人员职称结构基本情况表

职称结构	频数(人)	百分比(%)	累计百分比(%)
无职称	12	37.5	37.5
初级	15	46.8	84.3
中级	4	12.5	96.8
高级	1	3.2	100.0
合计	32	100.0	

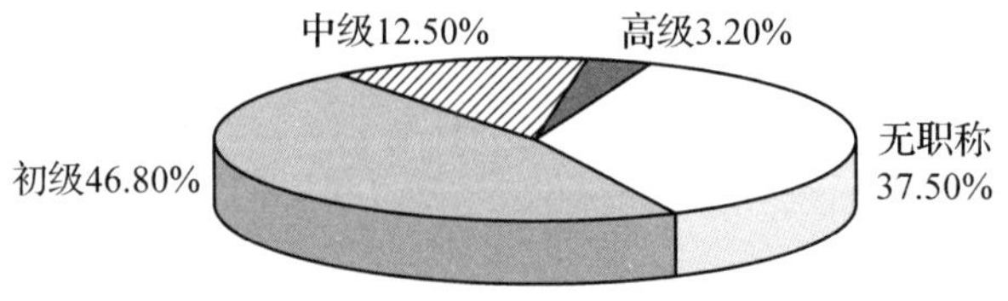

图5-6 被调查森林经营合作组织技术人员职称结构分布图

5.3.3.2 林业合作组织会员文化素质构成

由于我国森林经营合作组织主要是林改后新起的，发展较晚。农村具有较高文化程度和经营管理能力、有一定号召力和凝聚力的农民基本上都已流向其他具有较高利润的产业或者成为私营企业家，加上近年来，劳务输出成为农民增加收入的主要渠道，许多有一定文化素质的青壮年农民外出打工，导致目前在农村从事农林生产的农民中缺乏优秀的合作人才。本研究对 30 个森林经营合作组织的 101 个会员做了随机抽样调查，收回 98 份调查问卷。统计数据显示(表 5-28)，森林经营合作组织的会员中有中专及高中以上文化程度的人仅 18 人，仅占调查总数的 18.3%，初中文化程度的人数相对最多，占调查总数的 57.2%，小学文化程度及以下的有 24 人，其中文盲、半文盲有 8 人，占调查总数的 8.2%。

表 5-28 被调查森林经营合作组织成员的文化程度

学历结构	频数(人)	百分比(%)	累积百分比(%)
文盲、半文盲	8	8.2	8.2
小学	16	16.3	24.5
初中	56	57.2	81.7
中专、高中	12	12.2	93.9
大专及以上	6	6.1	100.0
总计	98	100.0	—

5.3.3.3 会员合作意识的调查分析

为了了解合作组织会员及负责人的合作意识，在设计问卷调查时专门设计了在一定程度上反映会员合作意识的问题。对 30 个森林经营合作组织的 101 个会员做了随机抽样调查，收回 98 张调查问卷。统计数据显示(表 5-29)，对“您愿意吸纳更多社员加入该林业合作组织?”这一问题表示基本愿意的仅 25 人，占样本总数的 25.51%，表示“有选择性地加入”的有 32 人，达到样本总数的 32.65%，表示“不愿意”的有 41 人，占样本总数的 32.65%。进一步深入了解发现，一些建立在互帮互助基础上的协会，如“三防”协会一般愿意吸纳更多的会员加入，而一般由大户组成的家庭合作林场，形成了所谓的“熟人圈”，比较排斥新会员的加入。

表 5-29 林业合作组织会员吸纳新会员加入的意愿调查表

问题	选项	频数(人)	百分比(%)
您愿意吸纳更多的社员加入该林业合作组织吗?	愿意	25	25.51
	不愿意	41	41.84
	有选择性地加入	32	32.65

5.3.4 林农人力资源开发的调查分析

5.3.4.1 林农受教育情况的统计描述

本研究在6个样本乡镇15个村调查了145家林农，对从事林业的农民的基本情况进行了问卷调查，调查统计结果显示(表5-30)：中专文化程度以上的林农为21个，仅占调查总数的14.4%，小学文化程度以下的林农还有64人，占调查总数的44.1%。从事林业生产的主体是40岁以上的林农，共计92人，占调查总数的63.7%，其中60岁以上的老人还有10人。由于有相当一部分被调查的林农是基层林业站选派过来接受调查的，因此本样本的统计结果总体偏高。

表5-30 被调查林农的年龄结构及受教育程度

调查项目	调查者的年龄结构				调查者的受教育程度				
	20岁以下	20~40岁	40~60岁	60岁以上	大专以上	中专或高中	初中	小学	文盲及半文盲
数量(人)	8	45	82	10	9	12	60	41	23
百分比(%)	5.52	31.03	56.55	6.89	6.21	8.28	41.38	28.28	15.86

5.3.4.2 林农生态意识的调查分析

为了了解调查区林农的生态意识，在调查问卷中专门设计了在一定程度上反映林农生态意识4个问题。统计结果显示，接受调查的145位林农，对“您了解什么是森林可持续经营方案吗?”这一问题表示基本了解的仅8人，占样本总数的5.52%，表示“完全不了解”的有92人，占样本总数的63.45%。对“您了解什么是森林的生态效益吗?”这一问题表示“基本了解”的仅25人，只占样本总数的17.24%。表示“不是很清楚”和“完全不清楚”的林农占样本总数的82.76%。在“您在林地清理过程中经常采用的营林的方式”这一问题的选项中，选择“炼山”这一林地清理方式的有78人，占样本总数的53.79%；选择“利用法”这一林地清理方式的有37人，占样本总数的25.52%；选择“腐烂法”包括带腐法和堆腐法这一林地清理方式的有30人，占样本总数的20.69%。在“您在防治森林病虫害经常选用的方式”这一问题的选项中，选择采用“化学农药”这一防治方式的有96人，占样本总数的66.21%，选择“生物农药防治”这一防治手段的有42人，占样本总数的28.97，选择“物理防治”的仅7人。具体情况见表5-31。

表 5-31 被调查林农的生态意识统计

问题	选项	频率	百分比(%)
1. 您了解什么是森林可持续经营吗?	基本了解	8	5.52
	略知一些，不是很清楚	45	31.03
	完全不了解	92	63.45
2. 您了解什么是森林的生态效益吗?	基本了解	25	17.24
	略知一些，不是很清楚	66	45.52
	完全不了解	54	37.24
3. 您在林地清理过程中经常采用的营林方式是:	利用法	37	25.52
	带腐法	8	5.52
	堆腐法	22	15.17
	炼山	78	53.79
4. 您在防治森林病虫害经常选用的方法是:	化学农药	96	66.21
	生物农药防治	42	28.97
	物理防治包括灯诱、设置饵木、捕捉、砸卵等	7	4.83

5.4 林农森林资源可持续经营的融资调查分析

5.4.1 林农融资意愿的调查分析

在接受调查的145户林农中有29户林农在2010~2012年期间营林生产的资金都是自己解决，没有向他人借钱或向金融机构贷款，占样本总数的12%。而认为营林生产过程中营林资金缺乏，3年期间从金融机构、亲朋好友或其他组织借过钱的林农有116户，占总样本数的80.6%。具体情况见表5-32。

表 5-32 被调查林农的融资意愿统计情况表

问题	选项	频数(人)	百分比(%)
您2010~2012年这3年期间营林资金筹集的方式是什么?	自家解决，不需要借钱	29	19.4
	营林资金缺乏，需要借钱	116	80.6

5.4.2 林农融资渠道的调查分析

当问及这116户林农3年来的借贷渠道时，有49户林农的借款仅来自于信用社(包括从信用社获得的小额信用贷款、林农联保贷款及林权证抵押贷款)，占借款林农总数的42.2%。47户即40.5%的林农仅从信用社以外的渠道借款，包括向亲朋好友借贷、林业企业贷款以及向林业合作组织借贷。此外，还有20户林农既从信用社获得贷款，又从亲朋好友等渠道获得贷款，占样本总数的17.2%。从上述林农借款渠道的选择可以看出，林改后，信用社逐渐成为林农融资的主要渠道。同时，在调查中还发现林改后，虽然调查期林农从林业企业和林业合作组织借贷的比例较少，各自比例仅为6.8%和3.4%，林业企业和林业合作组织逐渐进入林农借贷的视野。具体情况见表5-33。

表5-33　林农的融资渠道统计情况表

林农的融资渠道	人数(人)	百分比(%)
向亲朋好友借贷	55	47.4
林权证抵押贷款	23	19.8
小额信用贷款	32	27.6
林业企业贷款	8	6.8
林农联保贷款	14	12.1
向林业合作组织借贷	4	3.4

5.4.3　林农信贷情况的统计分析

根据对145户林农的信贷方面调查的数据，将其信贷约束情况分析如图5-7。从图5-7中可以看出，在接受调查的145户林农中，65户林农申请过信用社的信用贷款，占样本总数的44.8%。对于提出贷款申请的65户林农中有9户没有获得批准，在获得批准的56户林农中有41户林农获得全额贷款。在没有申请贷款的80户林农中，有31户林农是因为认为信用贷款门槛太高，自己达不到要求而没有提出申请(31户林农中，认为贷款手续太麻烦的有6人，认为利率太高的有13人，认为自己缺乏符合要求的抵押品的有6人，认为自己家庭收入太低，没有偿还能力的有2人，认为贷款期限太短的有5人)。有29户林农认为自己资金充裕，没必要再申请贷款，有15户林农认为自己有更方便的融资渠道，不需要向信用社贷款。因此，申请到全额贷款的41户林农和由于其他原因不需要贷款的44户林农，合计85户林农不存在信贷约束，占样本总数的58.6%。而提出贷款申请但被拒绝的9户，贷款申请未被全额批准的15户，再加上认为信用贷款门槛太高，自己达不到要求而没有提出申请的31户，共计55户林农面临信贷约束，占样本总数的37.9%。另外还有5户(占3.5%)林农是否存在信贷约束尚难以确定。可见，从江西、福建和湖南三省林农的信贷得到的情况来看，面临明显信贷约束的林农占37.9%。

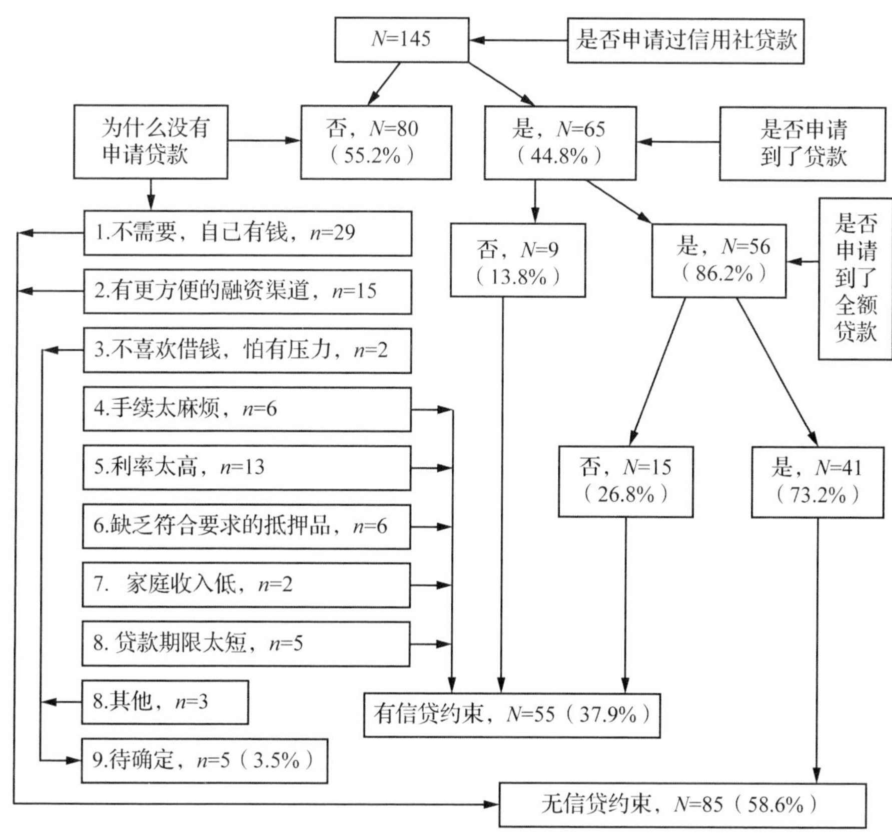

图 5-7 林农面临信贷约束情况

5.5 森林可持续经营管理存在的问题分析

5.5.1 林农森林可持续经营方案编制与实施存在的问题

通过实地调查和相关文献的查阅发现，林农森林可持续经营方案编制与实施主要存在林农可持续经营方案本身的缺陷、森林可持续经营方案制度的执行制度不健全、林农经营的森林面积太小、方案编制的技术人员短缺以及编制与实施森林经营方案的资金紧张等一系列的问题。

5.5.1.1 林农森林可持续经营方案的缺陷

(1)缺乏生态公益林可持续经营方案的编制。就调查的 3 个样本省来看，许多生态林为集体林，相当一部分镇、村都有一定比例的生态公益林，一些林农参与生态公益林的管护与经营。根据森林分类经营思想，商品林的主要效益是经济效益，生态公益林的主导效益是生态效益。同时考虑到当地林农对林地的长期依赖性，生态公益林尤其是一般生态公益林还应为林农带来一定的收益。由于两类森林经营的侧重点不同，规划设计的内容也不同，而对于林农来说，如何科学合理的经营生态公益林，提高生态公益林的经营管理水平更具有挑战性，更加需要森林可持续经营方案的指导与规划。而从目前调研的地区来看，对于林农，主要是考虑用材林的方案编制，如福建省进行森林经营简易方案编制的林种主要是一般用材林，湖南省编制的简易经营方案的对象也是新造用材林。因此，缺乏编制适合生态公益林特点的森林可持续经营方案是当前林农森林可持续经营方案编制方面的一大缺陷。

(2)森林经营方案编制的内容过于简单。从福建永安森林简易经营方案编制的内容来看，编制的内容过于简单，只涉及经营类型名称，更新造林规划设计(造林树种、造林时间、苗木用量、幼林抚育方法、第一次抚育间伐时间)、森林采伐规划设计(采伐类型、采伐方式、采伐年度)。林农通过对这类森林经营方案的实施，仅仅只能明确采伐量、方式及时间，抚育间伐时间及措施，造林时间及用苗数量。目前这种编制内容简单的方案设计主要有三大缺陷：一是缺乏贯彻森林可持续经营思想的森林经营目标，而具体的森林经营目标，如森林病虫害面积占森林经营面积的比例、经营期末混交林占森林经营面积比例等都是体现如何让商品用材林发挥经济效益，兼顾生态效益，社会效益的重要标尺，没有遵循森林可持续经营思想的森林经营目标，就失去了指导林农以可持续经营方式经营森林的方向。二是缺乏对林农森林经营的成本和收益进行投资与收益分析，无法让林农通过可持续经营方案的编制明确营林的成本和收益。三是缺乏对森林经营过程中即将遇到的、不可抗拒的、难以预测的自然灾害的花费进行成本预算，而森林培育是一个长期的生产过程，期间经常可能遇到不可抗拒的自然灾害。

(3)森林可持续经营方案编制的技术规范有待改进。森林可持续经营方案的编制应该是在可持续经营理论的基础上编制的森林经营、保护、利用与管理的规划设计文件，使森林经营以可持续的方式经营，走可持续经营的道路。换言之，可以理解为森林经营过程中各个营林的技术环节包括采种、育苗、整地、造林、抚育、防火、防治病虫害、采伐等所采取的各项营林措施应充分考虑到经济、社会、生态环境、森林资源的可持续发展。而从“林农在森林经营简易方案中获得的主要收益”的问卷调查可以看出，针对“有利于森林的永续利用”这一项虽然林农认为其“好处较大”和“好处很大”的比例超过了60%，但其比率远远小于其他五项主导功能，就其原因，主要是森林经营简明方案对永续利用主要体现为采伐量的设计，而其他方面、特别是营林技术规范上与未编制森林经营方案没有明显区别，林农感受不深刻。因此直接反映到“提高森林经营水平”这一选项上，林农认为“好处较大”和“好处很大”的比率之和仅58.96%。

就调研地区而言，福建省虽然编制了《福建省造林类型表》、《福建省森林经营措施类型表》和《福建省森林采伐技术规范》。永安市森林资源管理总站要求编制森林经营简易方案的林农在营林的关键环节如造林、抚育间伐、采伐等环节中所采用的营林措施要按照《福建省造林类型表》《福建省森林经营措施类型表》和《福建省森林采伐技术规范》规范的技术要求实施。但是仍然存在着严重的问题：《福建省造林类型表》《福建省森林经营措施类型表》对福建省主要的森林经营类型虽然相应地规范了林地清理方式，整地方式及规格，混交方式，造林的方法、季节、苗木规格，前四年幼林抚育的具体方式、抚育间伐、成林抚育保护、竹林抚育等具体营林措施，但是许多营林措施没有充分考虑到生态效益，如将“炼山”作为林地清理的一种重要方式。可见，调查区乃至南方集体林区森林可持续经营方案编制的技术规范有待进一步改进，需要设计一套《南方集体林区森林经营标准与指标体系》，更新造林规划设计和森林采伐规划设计中涉及的营林技术要参照《南方集体林区森林经营标准与指标体系》进行规范。

5.5.1.2 林农森林可持续经营方案执行制度不健全

林农森林可持续经营方案执行制度不健全主要是指方案编制的法律、方案的解释机制和方案的监督检查机制不健全，以及缺乏政府的政策支持。

(1) 森林经营方案编制的法律不健全。直到1984年《中华人民共和国森林法》出台，森林经营方案的编制工作才有法可依，《森林法》(2009年8月27日修正版)第十六条规定：“林业主管部门应当指导农村集体经济组织和国有农场、牧场、工矿企业等单位编制森林经营方案。”《森林法实施条例》第十一条要求：“重点林区森林资源调查、建立档案和编制森林经营方案等项工作，由国务院林业主管部门组织实施；其他森林资源调查、建立档案和编制森林经营方案等项工作，由县级以上地方人民政府林业主管部门组织实施”。可见，目前法律仅仅对集体林森林经营方案的编制工作进行规定，明晰它们编制与实施森林经营方案的义务和职责，并没有对林农森林经营方案编制的相关规定。而且对集体林也仅仅只是从法律上规定森林经营方案需要编制，缺乏相应的政策、规定，对于不编制或者不实施森林经营方案应当受到何种处罚没有制定相应的条款，缺乏对实施森林经营方案的保障性和约束性规定。法律上的缺位，直接导致森林经营方案编制工作和实施工作的随意性和主观性较大，受当地林业主管部门态度的影响较大。在林业主管部门重视的地区，林农森林经营方案编制和实施工作开展得较好，如永安市。而在林业主管不重视的地方，就没有开展林农森林经营方案编制和实施工作。从对国家，样本省、县(市)、乡(镇)四级主管森林经营方案编制与实施的部分负责人的问卷调查来看，他们也基本上对“法律不健全是森林经营方案编制与实施的最大障碍”达成了共识，普遍认为有关森林经营方案编制与实施的法律不健全，是阻碍森林经营方案编制与实施工作顺利开展的主导因素之一。

(2)认识上出现偏差，缺乏健全的解释机制。认识上出现偏差主要是指地方级林业主管部门对林农森林经营方案的认识具有片面性。从林农了解森林经营方案程度的统计描述可知，永安地区与其他调查区林农对森林经营方案的了解程度呈现出较大的差距，这关键在于当地林业主管部门对林农编制森林经营方案的认知程度以及宣传力度的大小所致。就调研的实际情况来看，大多数主管森林经营方案编制与实施部门的领导认为林农编制森林经营方案的主要目的就是有利于采伐指标的获取。因此，在森林采伐指标充足的县(市)，林业主管部门不重视林农森林经营方案的编制工作，认为编案没有任何实际意义，甚至认为当地不必要进行林农森林经营方案的编制工作。林业主管部门特别是基层林业工作站人员对森林经营方案的这种片面认识直接影响编案的宣传工作，导致编案的宣传呈现出“宣传无机构、缺人员、宣传形式单一、宣传力度小，不深入”的局面，甚至有些地区根本没有开展对森林经营方案的宣传和解释工作。而林业主管部门的认知以及相应开展的宣传工作又直接影响到林农对森林经营方案的认知。方案宣传和解释缺乏和不到位地区的林农对森林经营方案的好处甚至什么是森林经营方案都不了解，而对森林经营方案缺乏了解又直接影响林农的编案意愿，使他们对是否参与森林经营方案的编制持无所谓的态度，甚至不愿意参与方案的编制。

(3)森林经营方案的监督检查机制不完善。历史上南方集体林区许多已编制的森林经营方案难以实施，除了编制方面存在很大问题，关键还在于方案实施过程中缺乏保证其编制质量和实施效果的监督检查机制。当前，从对国家、省、县(市)、乡(镇)四级主管森林经营方案编制与实施的部分负责人的调查情况来看，他们基本上都将“缺乏相应的监督检查制度”看做“森林可持续经营方案编制与实施过程中存在重要障碍之一”。从调查区的实际情况来看，就是在林业森林经营方案编制与执行开展较好的永安地区，虽然已经制定和执行了一些监督检查制度，但仍存在许多不够完善的地方，具体表现为：

一是缺乏执行评估机制，目前还没有制定出具体的有关森林经营方案执行效果的评估标准，划分评估等级，无法定量地估量森林经营方案的实施效果，从而缺乏对科学编制并且实施效果较好的森林经营方案进行相应奖励的依据。

二是林农的参与度有待加强。南方集体林区传统的森林经营方案的编制遵循的是“自上而下”的编制模式，当前的改革正在扭转这种不合理的编制模式，如永安市森林经营方案的编制采取了“自下而上”的编制模式，让林农参与编案的申请、编案的内容设计、方案的具体实施到方案的监督，取得了较好的效果，值得推广。但是，还需进一步提高林农的参与度，让林农参与方案的审批及评估阶段，从而实现林农参与森林经营方案编制与实施的全过程。

三是缺乏激励制度。从已经编制林农森林经营方案的试点地区来看，无论是森林经营方案的编制、实施以及监督各环节都缺乏相应的激励制度，没有充分调动森林经营方案编制、实施、监督以及管理人员的积极性，从而使森林经营方案的实施缺乏激励和动力。

(4)政府的政策支持薄弱。从调查区的实际情况来看，林农森林经营方案的编制和实施工作缺乏政府强有力的政策支持。永安市政府虽然对合作组织的建设，营林贷款方面进行了政策扶持，为方案的编制与实施工作的顺利开展创造了良好的外围环境。但是，这些政策扶持并没有与方案的编制与实施直接挂钩，编制和实施森林经营方案的林农基本上没有什么感受。从“林农在森林经营方案中获得的收益”的统计描述来看，林农认为自己没有通过森林经营方案的编制获得营林技术培训以及营林资金的好处。同时，还有一部分文化素质较高林农提出希望通过编制森林经营方案获得更多的优惠政策。

5.5.1.3 林农经营的森林面积过小

森林可持续经营方案编制的基本前提是一定规模的森林，这在学术界和实践生活中已达成共识。具体规模的大小，不同的专家学者和森林经营管理者有不同的看法。于政中认为南方集体林区森林经营规模必须达到200hm^{2}以上才能进行森林经营方案的编制工作。在对永安市林农森林经营方案编制影响因素的调查研究中也发现，用材林面积与森林经营方案的编制存在着显著的正相关关系，林农经营的用材林面积越大，其参与用材林森林经营方案的编制的概率就越大。而林权改革后，分山到户，每个林农经营的森林面积很小，如江西省1.33亿亩集体林中1.079亿亩分成1097.32万宗地，分给600多万户农户经营管理，单户经营平均面积不到20亩，单宗地块面积不足10亩。从福建的调研情况来看，福建作为林业大省，林地资源丰富，其一般林区每个农户的经营规模也仅在30~50亩。这种过小的森林经营面积无法进行森林经营方案的编制，成为制约林农可持续经营方案编制的重要因素。通过林业合作组织将林农联合起来进行森林经营方案的编制无疑是一种好的途径。

5.5.1.4 森林可持续经营方案编制的技术人员短缺

《森林经营方案编制与实施纲要》(试行)(2006)规定编制森林经营方案的具体工作应由林业调查规划设计资质的单位承担，林农森林经营方案属于三类编案单位，按照规定，应由乙级以上林业调查规划设计资质的单位承担。但是，就目前林业调查规划设计单位的实际情况来看，编制的技术人员难以满足林农森林经营方案编制工作的需要，供不应求。如截至2011年，福建省共有106个林业调查规划设计单位其中，具有甲级资质的单位仅有一个，即“福建省林业调查规划院”，具有乙级资质单位有37个，具有丙级资质单位有72个，而截至2013年年底，全省共有929个乡镇和14429个行政村。可见，数量有限的林业调查规划设计单位难以完成庞大的林农森林经营方案编制任务。

从永安市林业调查规划设计单位基本情况来看，永安市仅有一个丙级资质的单位即“永安市林业规划队”，有15个编制人员；就职称结构来看，1个副高级，3个中级，11个初级。而永安市拥有228个行政村，近5万家农村住户。一般来讲，编制一个村的森林经营方案包括编制前的外业调查大约需要2~3名林业技术人员花费一个月的时间。永安市为了解决森林经营方案编制人员的供需缺口，要求基层林业站获取伐区调查设计资格证的技术人员参与方案的编制工作，这虽然在一定程度上缓解了编制技术人员紧张的矛盾，但是从总体上来看，森林经营方案编制的人员还是短缺，而且加大了基层林业站人员的工作量。

5.5.1.5　编制和实施森林经营方案的资金紧张

从福建省调研的实际情况来看，福建省三级经营主体经营面积较小，在编制经营方案时主要体现造林类型设计和森林采伐设计等的主要指标。再考虑到现实操作性，森林经营方案的编制采取的是表格式编制，作为经营者从事森林经营活动的依据(详见森林经营简易方案一览表)。因此，对于林农森林经营方案的编制都是统一的一张表。在永安调查时发现“林农森林经营简易方案表”的编制成本由永安市林业主管部门承担，编制森林经营方案前的外业调查是基层林业站的技术人员提供的免费服务，野外调查的成本转移到基层林业站人员不计报酬的加班工作。福建省永安市虽然解决了林农森林经营方案编制的资金问题，但是这种解决方式是建立在当地林业部门自己开支和基层林业站工作人员无私奉献的基础上的，在全国其他地区推广有一定的难度，特别是在林业主管部门和财政紧张的地区。

森林的培育过程和农作物的生产过程相比较是一个长期的生产过程，少至几年多至几十年甚至上百年。营林的长期性导致林业产业资金循环周期长，投入产出在时间次序上严重脱节。特别是营林生产的初期阶段即造林和幼林抚育阶段资金投入多，资金被沉淀在生产阶段，预付资金的价值和剩余价值都不能实现。通过对福建省邵武市城郊镇种植大户以及江西省铜鼓县三都乡黄田村种植大户的典型调查发现，在杉木营林过程中的“造林”具体包括7个步骤：劈山(砍渣)——开设火路——炼山——清渣——挖洞——肥土——种树。一亩地承包给他人经营，7个步骤共要花费250元，造林成本为250元/亩。杉木郁闭成林前3年要进行幼林抚育，每年要进行2次抚育工作，一般第一次是扩穴培土，第二次是除草砍杂，一次抚育费是30元，3年6次抚育工作共180元。因此，杉木造林抚育的成本费为330~380元/亩，100亩杉木林就需要3.3万~3.8万元。这就意味着林农经营10亩杉木林前三年就需要投资3000～4000元，经营100亩杉木林前三年就需要投资3万～4万元，而这些成本至少要到第十年即杉木第一次间伐时才能开始收回。而在造林抚育这个阶段，国家仅仅只给予苗木补贴，而且还不是全补，林农还要出部分苗木费。这对收入水平低下的林农来说是个大难题，而对一些经营上千亩林地的种植大户而言更是急需解决的重大问题。针对一般林农和种植大户的问卷调查也表明：营林资金短缺是林农特别是种植大户经营森林的最大的障碍和困难。

5.5.2 林业合作组织发展存在的不足

5.5.2.1 林业合作组织的数量和规模有待进一步增加

林权改革后，林业合作组织的数量虽然大幅度的增长，但是就目前的数量与规模来说带动林农的数量太少，经营森林面积的比例太小。芬兰75%的私有林业主参与合作组织，日本2/3的林农参与了森林组合，森林拥有的森林面积占民有林面积的73%。福建省集体商品林林权已登记面积7511.7万亩，而全省各类业合作经济组织经营的森林面积仅1118万亩，只占集体商品林总面积的14.8%。从湖南省来看，湖南省农村共有1285.354万户农户，全省林业合作经济组织带动农户50.9万户，仅占全省农村总户数的3.96%，全省林业合作经济组织成员19.7万人，农民参与度也仅占全省农村总人口的0.46%。可见，和国外林业发达国家相比，我国林改地区林业合作组织的数量和规模太小，需要进一步提高。

5.5.2.2 林业合作组织的内部运行机制不规范

森林经营合作组织的运行机制的不规范主要表现为指组织机构不完善、规章制度不健全以及利益分配机制不合理。

(1)组织机构不完善。健全的林业合作组织应当有健全的组织机构，主要包括社员(代表)大会、理事会和监事会。但是，从调查区实际情况来看，许多森林经营合作组织只是一种松散型的联合体，没有按合作制原则设立组织机构，缺乏最高权力机构和监督机构。有的组织虽然按照合作制原则设立了会员大会、理事会、监事会等组织机构，但是，这些组织机构在日常管理中没有落实合作制的基本原则。就调查的30个林业合作组织的情况来看，真正实行“一人一票”的林业合作组织仅12个，还有26.7%的林业合作组织的重大决策是由会长一人说了算，这主要是由于一些合作组织的最高决策权不是由众多会员决定而是掌握在少数能人手中，会员大会形同虚设，没有真正实现民主管理。担负监督职能的监事会也没有发挥其应有的监督职能，只是简单地流于形式。

(2)规章制度不健全，实际操作不规范。通过对抽查的30个林业合作组织的调查发现，还有一部分森林经营合作组织没有拟定规章制度，特别是一些隐性的合作组织，没有制定明确的管理条例，遇到事情只是几个合作伙伴聚在一起商议，口头决定或认可而已。并且缺乏基本的入会和退会手续，入会没有提交书面材料，口头告诉其他会员一声，退会时没有向理事会提出书面声明，办理退会手续，也没有分摊资格终止前本会的亏损及债务，很难做到真正的民主管理。就调查的情况来看，虽然一些合作组织制定了规章制度，但是53.4%的林业合作组织在实践中并没有完全按章程实施。究其原因，一是许多规章制度的制定缺乏科学性、合理性和实际操作性，没有具体明确各个管理机构、组织成员以及领导之间的责权利关系，在实际运行中难以实施。二是一部分合作组织制定规章制度只是流于形式或是为了取得相应的优惠或合法地位，并非自发的，内在需求所驱。因此，在实际执行过程中仍是我行我素，实际操作中还是主要靠个人权威来维系，有章不循，制定的规章制度成了一纸空文。

(3)利益分配机制没有形成或不合理。实行利润返还，形成合理的利益分配机制是规范的森林经营合作组织的基本要求。但是，从调研的实际情况来看，大多数林业专业合作组织规模小、经济实力单薄，没有进行工商注册，有的只是挂了一个牌子，没有固定的收入来源，无法进行利益的分配，难以与林农建立起成员之间利益分享、风险共担的紧密型经济关系。这些森林经营合作组织往往只是提供各种营林服务，只是停留在生产环节和技术方面的简单合作，不是以盈利为主要目的，无法实行二次返利。同时，在一些具备二次返利实力的股份制林业合作组织和龙头企业型合作组织中，由于没有形成规范合理的利益分配机制，只注意保护核心层的利益，忽略外围成员的利益，普遍存在着有意减少按照交易额返还的利润、提高资本回报的行为，利益分配机制没有形成或不合理制约了森林经营合作组织经济效益的充分发挥，严重影响了林农建立和发展森林经营合作组织的积极性。

5.5.2.3 林业合作组织的服务和协调能力薄弱

合作组织自身的能力特别是服务和协调能力直接影响该组织功能的发挥程度。合作组织应当履行“管理协调、生产服务、资金积累”等基本职能，朝着自我管理、自我服务的方向发展。但是，从调研的实际情况来看，目前森林经营合作组织的服务和协调能力相当薄弱，具体表现为：一是服务内容单一，服务层次低下。调研发现，当前林业合作组织的主要服务内容是提供了“三防”服务，统一购买生产资料，为会员提供市场信息以及节省了劳动力；在为森林经营指导技术，为会员提供各种培训方面相对薄弱；而在为会员办理林业贷款，提供担保，编制森林经营方案等方面的服务更少。就服务的层次来看，大多数森林经营合作组织仅开展一些低水平、低成本的互助性质的活动，如共同护林、统一订货、代买化肥等，进行综合服务，搞产加销一体化经营的很少。二是缺乏有能力的合作组织发起人。本来林农的文化素质就普遍偏低，有能力和魄力的人才较少，加上非农产业高利润的吸引，人才的外流，留在农村，投身于林业发展的能人更少。现有的组织管理者大都专业水平不高，市场观念不强，缺乏生产经营和管理经验，往往只注重眼前利益，缺乏长期规划。三是资金的缺乏制约了服务功能的发挥。就江西铜鼓县"三防协会"的调研实际来看，按每亩收取一元的标准计算，有的村级协会只有几千亩山林，也就是只有几千元的会费收入，而协会开始组建时开支项目较多，如宣传费、注册费、购置扑救器械、药械费等，资金的缺乏导致合作组织正常运转都很困难，更谈不上高层次，多项目的服务了。四是缺乏信息获取的平台。现有的森林经营合作组织在信息收集以及经营网点分布方面存在着很多障碍，无法与专业化大公司抗衡，无法在市场竞争中取得竞争优势，很大程度上制约了林业专业合作组织的服务和协调能力。

5.5.2.4 林业合作组织发展中政府的角色错位

根据国内外学者的研究，政府在促进森林经营合作组织发展过程中存在着一个"适度"干预的问题。换句话说就是干预的时间、方式、手段要恰到好处，既不能干涉太多，抑制了合作组织发展的后劲，限制了合作组织发展的空间，也不能放任自流，任其发展。当前许多政府积极推动林业合作组织的发展，如福建省林业合作组织有 46% 是依靠政府的力量组建的，福建南平市 83% 的林业合作经济组织是在政府部门的直接或间接推动下组建的。调研的实际情况来看，政府在其角色定位过程中存在政府职能缺位和政府职能越位的问题。

(1)政府职能缺位。

①立法约束。森林经营合作组织的健康发展需要专门法律做保障和支撑。纵观各国林业合作组织的发展历史，不难发现许多林业发达国家都有关于林业合作组织的专门法律，譬如日本的《森林组合法》。而我国目前还没有一部林业合作组织法，虽然 2006 年出台了《农民专业合作社法》，但是，具体落实这一法律的政策和措施在国家层面上还没有系统形成，并且，缺乏结合各省林业发展实践的林业合作组织管理办法等法规。由于法律法规的缺乏，直接导致了合作组织法人登记上的混乱。有的林业合作组织在工商部门登记，有的在民政部门登记，也有的在农业部门登记，而很大一部分合作组织根本就没有经过正式的登记注册。由于法律缺位，贷款、纳税、开具发票等对于一个普通企业来说非常正常的事务，合作社都需要"打擦边球"或采取"迂回办法"才能办成。

②缺乏必要的扶持政策。在实地调研中发现，目前有许多林业合作经济组织都是林农自发创办的，普遍面临着经营规模小、森林经营技术落后、人力资源缺乏、资本积累艰难等困境，尤其是资金的有限，严重制约了合作组织的规模和经

营水平，急需要相关的扶持政策特别是在融资、资金方面的经济扶持促进森林经营合作组织的发展与完善。虽然林业主管部门和政府从规模经营的角度和管理的角度鼓励村民实行合作经营，但是，从调研的实际情况来看，林业行政主管部门仅对少数重点的林业合作经济组织有少量的造林补助和技术指导，政府也只是对其兴办的林业合作组织提供一些物质扶持、技术指导及培训，给予少量的奖励基金。如江西铜鼓县的“三防”协会，得到了政府的一些扶持，而许多小规模的林农自发的合作组织没有得到任何扶持，财政部门、税务部门、工商行政管理部门以及金融机构等部门都缺乏扶持林业合作经济组织发展的具体制度。有些在工商部门登记的合作组织和其他企业一样必须缴纳较高的税费，因此，许多合作组织为了减少组织运营的成本，往往选择不注册，直接导致现有的林业合作经济组织注册率低下。

③业务主管部门的监管力度薄弱。在实地调研中发现，许多林业合作组织存在着登记注册后不按章程开展活动，这关键是相关的业务主管部门对注册林业合作组织的监管薄弱。按照法律规定，业务主管单位要指导合作组织依据其章程开展活动；负责合作组织年度检查的初审；协助登记管理机关和其他有关部门查处合作组织的违法行为；会同有关机关指导合作组织的清算事宜。但是许多业务主管单位并没有严格履行其职责，具体表现为对协会登记前的审查不严格，对协会年度检查的初审未按监管职责审查，没有监督管理协会的活动开展情况，履行章程的实际情况。业务主管部门和登记管理机关也没有对换届和更换法定代表人的合作社进行相关的财务审查。

(2)政府职能的越位。绝大多数的政府对合作组织“干预过多”。具体表现为：一是政府部门对合作组织的管理多采用行政介入方式，在合作组织内部管理方面涉入过多，常常存在“越位”现象，一些政府直接任命合作组织的管理者或是选派政府官员担任合作组织的管理者，导致一些林业合作组织官办的色彩较浓。二是在资金援助方面实行的是“输血”政策。只是直接给予合作组织大量的资金以及财政援助，没有从组织内部增强合作组织自身的聚积资金的能力，造成合作组织对政府的依赖性过强，政府的资金援助成了合作组织存在的主要依靠。因此，政府的资助一旦停止，合作组织就直接面临解散的危险。究其政府干涉过多的原因，既有历史渊源也有现实需要。从历史来看，我国长期实行计划经济，政府对企业和组织的发展一贯存在干涉过多的现象。从现实来看，林改后，森林经营合作组织作为解决零散林地实现规模化经营的一种制度创新，是林业外部经济内在化的必然选择，其作为一种具有巨大潜力的新兴事物已显示其强大的生命力，政府对其关注，积极推动也是一种必然，在其推动过程中难免把握不住“分寸”。同时，政府在其自身发展过程中，也需要借助森林经营合作组织的力量实现其经济、社会目标。因此，过多的行政干预无形中成为一种必然，导致政府角色的错位。

5.5.3 调查区森林经营管理人力资源开发存在的问题

5.5.3.1 人才分布不均，人才结构不合理

由于各地区自然条件差异性大，生活水平悬殊，生产力布局不平衡，使得林业人才分布不均。大部分林业人才聚集在省会、地（州）等中心城市，在林业系统具有硕士以上学历的人基本集中在省会。即使本科学历层次的人也大多数分布在地（州）城市。在乡镇一级工作的林业技术人员基本上都是大专以下学历的人，如在基层林业站从事林业工作人员的学历水平绝大多数都是中专及其以下学历。从职称结构来看，专业技术人员特别是中、高级人员大部分集中在有经费来源的事业单位和森工企业，不愿到乡镇及村一级单位工作，使得乡镇、村一级的林业技术人员尤其是中高级技术人员非常短缺。从宏观上来看，一个国家或地区可持续发展期望的人力资源能级结构存在大致适宜的比例，得到多数专家认同的比例为：高、中、初 3 个能级的人力比为 1:6:14。从乡镇基层林业站技术人员的职称结构来看，相对较好的省份—福建省基层林业站专业技术人员高、中、初级及其以下 3 级的比例为 1:10:29；湖南省省基层林业站专业技术人员高、中、初级及其以下 3 级的比例高达 1:18:126。从林业合作组织技术人员的职称结构来看，被调查森林经营合作组织技术人员高、中、初 3 级的比例为 1:4:27。这说明乡镇基层林业站和合作组织中初级职称及其以下的人员过多，技术职称结构严重失衡。从专业结构来看，以“3S”为代表的数字技术、信息技术和生物技术等高技术领域的人才紧缺。虽然林业系统对“3S”技术进行了一定的研究和探索，但离大面积的应用还相差甚远。

5.5.3.2 各层次森林经营管理人力资源的业务能力有待加强

林权改革后，集体林区的管理对象由村一级集体组织转变为林农，随着经营管理对象的更改，各层次森林经营管理部门尤其是基层林业站、林业调查规划设计院的职能和服务范围也随之发生了巨大的变化，其业务水平已不适应新形势的发展需要，急需提高。

(1)基层林业站人员的服务能力有待提高。随着林权改革的深入，大部分集体林地使用权、林木所有权落实到各家各户，形成了森林经营主体多元化的格局，林业站面临的工作也从以面向村集体为主到以面向千家万户老百姓为主，服务对象增多，范围扩大，任务加重，工作难度也随着增大。随着林农经营林木的自主性增大，伐区数量多而分散，伐区监管任务更加繁重。另外，短期内以“单家独户”经营为主的格局，使森林防火、病虫害防治等措施的落实难度加大，也

加重了森林资源保护、林政执法的任务。同时，林农参与造林育林的积极性越来越高，对营造林技术、病虫害防治、林产品销售等知识和技术的渴求也越来越强烈；采伐限额的改革，林农森林经营方案的编制与实施，这些都对基层林业站工作提出了更新更高的要求，基层林业站人员的服务能力有待提高。

(2)林业规划设计调查内容有待完善。传统的森林经营规划设计调查的内容相对简单、粗放，从深度和广度上都不能满足南方集体林区林农森林可持续经营方案编制的需要。具体表现在以下几个方面：一是非木质林产品基础信息的缺乏。传统的森林资源二类调查是围绕森林面积和活立木蓄积开展的调查，没有关于非木质林产品的基本情况的调查。二是野生动植物资源和森林经营的信息缺乏。传统的二类调查关于野生动物资源和森林经营的调查比较粗放，只是以小班为单位记载了野生经济植物的分布，关于灌木、草本和乔木的优势物种及其大小、盖度、高度等相关信息；分别抚育、采伐、更新等选择记载小班森林经营措施，缺乏对野生动植物的产量、动物遇见性、植物的指示物种、关键物种以及典型物种的相关信息。三是缺乏森林生态状况的调查因子。森林可持续经营方案的编制需要生态系统具体的调查资料包括林地土壤储水量调查、森林植物储能量调查、森林景观等级调查、森林健康度调查、林地土壤侵蚀类型和等级调查等有关森林生态状况的具体调查资料。而这些正是传统的森林规划设计调查缺乏的内容。同时，随着调查内容的不断丰富和改进，很多调查人员对植被、土壤、岩石的野外辨识能力普遍不足，难以胜任森林资源调查工作，调查人员技术素质亟待提高。

5.5.3.3　各层次森林经营管理人力资源的思想素质有待提高

(1)林业规划设计从业人员服务意识有待提高。林业规划设计队伍中普遍存在着从业人员的服务意识淡薄，有待提高的现象，具体表现为：一是存在一部分法制观念淡薄的调查设计人员，这些调查设计人员借公路沿线改种果树和定向培育小径材为名随意降低林木的主伐年龄，从而提前采伐未成熟林分；故意在伐区调查设计时压低林木蓄积量，以此增加实际出材量，引起实际上的超量采伐，从而人为地制造伐区调查设计误差。二是部分调查规划设计人员工作态度不端正，工作懈怠、马虎，许多有应付了事的心态。一些地方的伐区调查设计质量合格率仍持续在较低的水平，蓄积量测定、伐区界线调绘以及出材量设计等还达不到精度要求，甚至还存在着部分调查人员没有进行现场测量而是照抄森林资源档案材料的现象。三是许多从事林业规划设计专业学习的年轻人缺乏对本职工作的热爱。一些林业规划设计专业学习的毕业生认为林业规划设计工作劳动强度大、工资待遇低、工作环境艰苦，宁愿改行也不愿从事林业调查规划设计工作，一些已经就职的人员，特别是一些业务熟练、工作能力强的年轻调查队员外出谋职，导致人心涣散，队伍不稳定。

(2)林业合作组织会员及负责人的合作意识有待加强。农村森林经营合作组织的建立和发展需要一批有“合作意识”和合作知识的林业合作企业家。他们要充分意识到森林经营合作的重要性和必要性，以平等互利的方式推动森林经营事业的发展。但是，在实际调研中发现，目前许多林业家庭合作林场的成员对“合作意识”的理解粗浅，缺乏真正意义上的合作精神，排斥新会员的加入。他们创办森林经营合作组织，主要是出于对经济利益的追求，追求的是帕雷托改进而不是帕雷托最优，更倾向于企业化而不是合作化，在带动资本稀缺的农户方面很难有所作为。如永安市贡川镇红安家庭合作林场是全国第一家林农自愿组合，以家庭山林资产入股进行联合经营的林业合作经济组织。它是以村长邓庆田为首的七家关系较好，有一定经营能力和资金的林农联合组成。在对邓庆田的访谈中，邓庆田表示为了管理的方便以及考虑到利润的分配问题不愿吸收新的会员。正是由于合作组织会员以及负责人平等合作思想和合作知识匮乏，严重制约了森林经营合作组织发展的规模，导致大多数森林经营合作组织的规模小，发展缓慢。甚至一些合作组织大张旗鼓开张，不久就偃旗息鼓，最后不了了之。

5.5.3.4 林农的总体素质偏低

林农的总体素质偏低主要表现为林农的受教育程度较低、营林技术缺乏以及生态意识比较薄弱这三个方面。

(1)林农的受教育程度较低。南方集体林区乃至全国的林农本来文化层次就低，属于弱势群体，而从调研区的实际情况来看，目前南方林区的绝大多数年轻人受非农产业利润的驱动而外出打工。从事林业生产的主体是年龄偏大的群体，甚至还有一部分60岁以上的农民。而年龄偏大的林农往往又是接受教育程度相对较低的群体，大多数只是小学教育及其以下程度的人群。换言之，目前从事林业生产的林农是弱势群体中的弱势者，这类人群对新事物的理解和接受能力较差，不能适应森林可续经营的需要，急需培训。

(2)林农的营林技术缺乏。从前面的统计描述可知，林农掌握的营林技术十分有限，绝大多数的林农仅仅掌握一门甚至没有掌握任何营林技术，仅仅靠传统的营林经验进行营林生产。从调研的实际情况来看，目前林农缺少的是造林技术、病虫害防治技术、非木质林产品培育技术、采伐更新技术、抚育间伐技术和森林火灾防治技术，最为紧缺的是前3项技术。

(3)林农的生态意识的薄弱。在实地调研中发现，林农的生态意识很单薄，具体表现为：一是绝大多数林农完全不了解“森林可持续经营”和“森林生态效益”这些基本概念，许多林农表示“从未听说过”。对于分到户的林子，林农认为就是如何从林子中获得最大的经济收益，不再存在“如何保护”的问题。二是林农在营林生产过程中考虑的是最少的花费，最大的收益。注重营林的成本，追求的是森林经营的经济效益，忽略森林经营的经营技术，没有考虑森林经营的环境影响。如调查区绝大多数林农在防治病虫害过程中往往采用的是见效快、花费少、操作方便简单的化学农药防治，缺乏对化学农药“3R”的清晰认识；林地清理过程中常采用的措施是炼山。林农薄弱的生态意识会直接影响他们经营森林的方式，难以自觉地采用可持续经营方式经营森林，实现森林的可持续经营。

5.5.4　林农森林经营融资存在的问题分析

5.5.4.1　林权抵押贷款制度不健全，林农仍面临严重的信贷约束

林改后，南方集体林区各省正在积极探索和大力推行信用社开展以林权证直接抵押的贷款方式，取得了一定的成效，信用社逐渐成为林农融资的主要渠道。但从调查区林农信贷情况的统计描述中可知，林农仍面临严重的信贷约束，难从正规金融机构获取贷款。在调查的145份有效样本中，虽然林农信贷约束比例只占37.9%，但这主要是由于很多林农是靠向亲朋好友等非正规金融渠道借钱满足了其资金需求。就其原因，关键在于当前实施和开展的林权抵押贷款作为一种新兴事物，发展还不成熟，存在许多问题，难以真正解决林农融资困难的问题。

当前林权贷款主要存在着两大问题：一是林权贷款期限过短，不符合林业生产周期长的要求。营林活动经营周期长达20年。最快的如毛竹，其成材也需要3年时间，速生丰产林一般需要5~7年，杉木间伐也需要9~10年。而调查区针对中小企业、自然人的抵押贷款一般在1年以内，最长不超过3年。这就意味着林农无法利用贷款进行长周期的营林投资，只能解决临时性的资金周转困难。这样的话，将贷款对象锁定在那些拥有近熟林或成熟林的林农身上，因为只有那些以近熟林或成熟林的林权证为抵押物，甚至是在获得采伐指标的林农才能确保1年后有能力偿还贷款。这就决定了目前的林权抵押贷款仅对部分有一定资金积累但临时周转有些困难的林农有所帮助，而对长周期的营林活动的影响甚微，无形中缩小了贷款的范围，一些林农正是考虑到此因素而没有申请贷款。二是抵押率低、贷款融资成本太高，手续繁琐。抵押物评估时，一般是以抵押物价值的70%作为其评估值。而当前银行开展林权抵押贷款的额度不超过抵押物评估价值的50%。也就是说，林农一般只能获得其抵押物实际价值的35%左右的贷款额度。而通过大量的实际调研发现，许多林农一般仅拥有林地面积3~10亩，以每亩0.3万元的评估值计价，抵押物价值约在0.9万~3万元，再按50%的抵押率，可借款额度仅在0.45万~1.5万，可见，借款数量较小。同时，林权抵押贷款融资的成本较高，林权所有人除了要给金融部门支付利息外，还要支付其他的费用，如承担抵押物的评估费用、登记费用、担保费用、保险费用等。就贷款

的利率来看，农村信用信社发放林权抵押贷款的利率一般在基准利率的基础上再上浮 70% ~100%，商业银行对森林资源资产抵押贷款的利率一般在基准利率的基础上再上浮 30% ~50% 。从评估费用标准来看，物价部门批准的评估费用标准为：1 亿元以上 0.1‰，5000 万 ~1 亿元 0.5‰，1000 万 ~5000 万元 0.8‰，100 万 ~1000 万元 2.5‰，100 万元以下 6‰。经估算，借款人承担评估、抵押登记等相关费用约 12‰，通过担保公司担保的还要缴纳 3‰ 担保费，折算综合平均贷款利息及费用在 12% 左右，与民间借贷利率相差无几。而且，林权抵押贷款管理制度滞后，操作不规范，手续繁琐。如永安市林业融资的具体模式是永安市人民政府与省农业开发银行签订的开发性金融合作协议的基础上，由省农业开发银行向永安市国有资产投资经营有限公司提供贷款资金，国投公司将贷款资金委托永安市农村信用合作社向参加永安市林业信用协会的林业中小企业和农户发放，而不是由金融机构直接向用户贷款。因此，林农进行抵押贷款，不仅手续繁琐，成本高，而且贷款的数量少。林权抵押贷款的这些特点，严重影响了林农贷款的积极性，导致林权抵押贷款的比例较低。

5.5.4.2 林农非正式融资渠道有待进一步拓展和深入

从调查区林农融资渠道的统计描述中发现，林农从林业企业和林业合作组织中有借贷的案例，但是比例较小。比例小的关键在于这两种融资渠道没有引起政府和林业主管部门的重视。但是这两种借贷渠道拥有正规金融机构信贷难以比拟的优势：一是与农村信用社相比，对林农的相关信息的获取相对容易，能有效地避免了“逆向选择”和“道德风险”的发生。二是具有贷款期限长，利率低等优势，符合林业生产规律。因此，林业主管部门和政府应采取一系列的政策和措施鼓励林农从这两种借贷渠道融资，同时针对林业企业和林业合作组织借贷出现的问题加以完善和改进，使其成为林农信贷融资的主要方式。

第 6 章

南方集体林区森林可持续经营管理影响因素的排序分析

集体林权制度改革后林农的森林培育要实现森林可持续经营的目标受多方面因素的影响，其中包括了许多难以量化的因素。本章在实地调研的基础上定性分析了影响森林可持续经营的四大因素，即技术因素、组织因素、资金因素以及人力资源因素。为了进一步验证这四大影响因素的重要性以及各因素影响森林可持续经营管理的重要程度，本研究在定量分析过程中采用了层次分析法。由于层次分析法(简称 AHP)具有所需数据量小、信息包容量大、适于处理难以量化问题、易于综合多方意见等特点，故选取了这种方法作为分析工具。运用 AHP 法对南方集体林区森林可持续经营的影响因素进行识别，对这些影响因素进行重要性排序，探寻这些因素各自影响森林可持续经营管理的重要程度，从而为下一步如何对这些重要的影响因素进行进一步分析和研究奠定坚实的基础。

6.1 影响因素的选择和界定

第四章主要从林农的角度对福建省、江西省和湖南省森林可持续经营管理现状以及存在的问题进行了客观的描述和分析。从中可知，影响南方集体林区林农森林可持续经营管理的关键因素是技术因素、组织因素、资金因素以及人力资源因素。

6.1.1 技术因素

这里的技术因素是指广义的技术因素，是指影响森林可持续经营方案编制与有效执行的一系列因素。既包括编制森林可持续经营方案的技术体系，即与森林可持续经营方案相关的技术标准和技术规程，符合林农实际的科学编制的森林可持续方案本身，也包括保障森林可持续经营方案编制与执行管理层面的因素。当前林农可持续经营方案本身的缺陷，即编制的内容单薄、缺乏生态公益林可持续经营方案的编制、方案编制的技术规范有待改进，再加上一系列管理方面的问题，譬如方案编制与执行的制度的不健全等，共同导致了林农森林可持续经营方案编制与实施难以有效落实，从而成为影响森林可持续经营管理的关键因素。

6.1.2 组织因素

本研究中的组织因素主要是林业合作经济组织，林权制度改革后，在政府和林业主管部门的引导和积极支持下，林农在自愿互利的基础上组建了一大批林业合作组织。当前的林业合作组织主要有以下 4 种模式：①股份制合作林场；② 家庭联户经营；③ 各种服务性协会；④专业合作社。但是，从总体上看，调查区甚至南方集体林区的林业合作经济组织的发展基本上还处于初级阶段，数量少、规模小，服务能力较弱，发展不均，产业优势不够突出；利益关联不紧，运行机制不够规范，正式和规范的林业合作组织数量不多。目前有限的林业合作经济组织以及现有的林业合作经济组织的不健全和不完善的状况，已经成为影响森林可持续经营管理的一个重要的因素。

6.1.3 资金因素

这里的资金是指林农营林生产中需要花费的资金。林权制度改革后，林农成为森林经营的主人，投资造林、育林和护林的积极性普遍提高。然而造林、育林和护林等一系列森林培育活动都需要资金支持。同时，森林资源自身的特点又决定其前期培育投入大，资金收回时间长。因此，森林的经营特别是一定面积的森林经营需要大量的资金作保障，资金充足是林农实施森林可持续经营管理的基本前提。然而当前林农面临着严重的信贷约束、融资困难。资金的匮乏成为影响林农森林可持续经营管理的一个重要的因素。

6.1.4 人力资源因素

本研究所谓的人力资源是指能够推动整个经济和社会发展的劳动者的能力，即人力资源是“包含在人体内的一种生产能力”，包括数量和质量两个维度。质量简单地说可称之为一种胜任所从事工作的能力。林改后南方集体林区森林经营管理的人力资源主要包括林业主管部门的人员、林业调查规划设计队的人员、基层林业站的人员、合作组织的会员以及林农。从调研的实际情况来看，调查区森林可持续经营管理人力资源开发存在着各类人才分布不均、人才结构不合理，中高级职称的技术人员数量少，各层次森林经营管理人力资源的业务能力有待提高，林农的总体素质偏低等问题。中高级人才的数量缺乏以及各层次森林经营管理人力资源的质量有待提高成为影响森林可持续经营管理的一个重要的因素。

那么南方集体林区森林可持续经营管理中的技术、资金、组织以及人力资源因素中，哪一个因素是最重要、最关键的因素呢？它们各自对森林可持续经营管理的影响程度如何呢？为此，本研究对国家林业局森林资源利用监管处2人、福建省林业厅森林资源管理站1人、福建省永安市林业局森林资源管理站1人、福建省永安市贡川镇和西洋镇基层林业站各1人、江西省林业厅林政资源保护管理处1人、江西省铜鼓县林业局2人、湖南省林业厅2人共12位对森林经营管理较熟悉的专家运用专家问卷调查法，对上述4个因素进行了诊断。具体的调查问卷见附件1。

6.2　影响因素的定量分析

对集体林权制度改革后南方集体林区森林可持续经营管理影响因素的定量分析主要是采用了AHP法，AHP法又叫做层次分析法，该方法是20世纪70年代由美国学者萨蒂(T. L. -Saaty)最早提出的一种目标评价决策方法。它本质上是一种决策思维方式，基本思想是把复杂的问题分解成若干层次和若干要素。在各要素之间简单地进行比较、判断和计算，以获得不同要素和不同备选方案的权重。常应用于系统诊断中的重要性排序，可以将人们的主观判断用数量形式来表达和处理。

6.2.1　影响因素的排序

AHP法在南方集体林区林农森林可持续经营管理影响因素分析中的应用，主要包括以下5个步骤。

6.2.1.1　影响因素的层次结构图

对构成决策问题的各种要素建立多级递阶的结构模型，这是层次分析法最初也是很关键的一步。从前面的分析中得知，影响林农森林可持续经营管理的主要有4大因素，即：

$A=\{B_1, B_2, B_3, B_4\}$ = {技术因素，人力资源因素，资金因素，组织因素}；结合此式给出问题层次结构图(图6-1)。

6.2.1.2　构造影响因素的比较判断矩阵

层次分析法的第二步就是对同一等级或层次要素以上一级要素为准则进行两两比较，根据评定尺度确定其相对的重要程度，并据此建立判断矩阵。最高层是目标层，中间层是准则层，最底层是方案层或措施层。首先分析第二层B中各因素相对A而言的相对重要性，为此可构成$A-B$判断矩阵，其一般形式见表6-1。

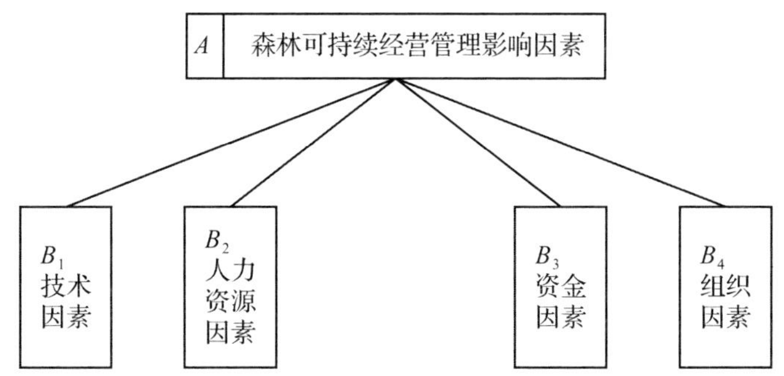

图 6-1 森林可持续经营管理问题层次结构图

表 6-1 *A*－*B* 矩阵汇总表

A	B_1	B_2	B_3	…	B_N
B_1	b_{11}	b_{12}	b_{13}	…	b_{1n}
B_2	b_{21}	b_{22}	b_{23}	…	b_{2n}
B_3	b_{31}	b_{32}	b_{33}	…	b_{3n}
…	…	…	…	…	…
B_N	b_{n1}	b_{n2}	b_{n3}	…	b_{nn}

矩阵中各元素为相对重要性标度，其取值见表 6-2。

表 6-2 相对重要性标度表

标度	定义与说明
1	两个元素对某个属性具有同样重要性
3	两个元素比较，一元素比另一元素稍微重要
5	两个元素比较，一元素比另一元素明显重要
7	两个元素比较，一元素比另一元素重要得多
9	两个元素比较，一元素比另一元素极端重要
2，4，6，8	表示需要在上述两个标准之间拆衷时的标度
$1/b_{ij}$	两个元素的反比较

鉴于以上层次分析法的理论，为了建立两两比较判断矩阵。在三次实地调研过程中分三次，共对 12 位森林经营管理方面的专家直接发放了专家评价问卷表（表 6-3），对森林可持续经营管理 4 大影响因素的相对重要性进行评估。共发放问卷 12 份，其中有效问卷 10 份。

表 6-3　专家评价问卷表

五大影响因素	B_1 技术因素	B_2 组织因素	B_3 资金因素	B_4 人力资源因素
B_1 技术因素				
B_2 组织因素				
B_3 资金因素				
B_4 人力资源因素				

6.2.1.3　影响因素的层次单排序

层次分析法的第三步就是进行层次单排序。所谓层次单排序就是指第 $n+1$ 层各因素对第 n 层问题的相对重要性系数。系数 $W_{Bi}(i=1,\ 2,\ 3)$，用向量表示成：

$$W_{Bi} = \begin{bmatrix} W_{B_1} \\ W_{B_2} \\ W_{B_3} \end{bmatrix}, \sum_{i=1}^{3} W_{Bi} = 1$$

以前面的 $A-B$ 判断矩阵为例，W_{Bi} 的计算步骤如下：第一步，计算判断矩阵中每一行所有因素的乘积，即：

$$W_{Bi} = \prod_{j=1}^{n} b_{ij}, (i = 1,2,3,\cdots,n) \tag{6-1}$$

第二步，计算 W_{Bi} 的几何平均值，即：

$$\overline{W_{Bi}} = \sqrt[n]{W_{Bi}}, (i = 1,2,\cdots,n) \tag{6-2}$$

第三步，对 W_{Bi} 进行规范化处理，即：

$$W_{Bi} = \frac{\overline{W_{Bi}}}{\sum_{i=1}^{n} \overline{W_{Bi}}} (i = 1,2,\cdots,n) \tag{6-3}$$

6.2.1.4　一致性检验

使用层次分析法，判断矩阵的一致性是必须和关键的环节。所谓判断矩阵的一致性，即判断矩阵是否满足如下的关系：

$$b_{ij} = \frac{b_{ik}}{b_{jk}}, (i,j,k = 1,2,\cdots,n)$$

一般情况下，当判断矩阵具有满意的一致性时，λ_{max} 稍大于矩阵阶数，其余特征值→0。这时，基于 AHP 得出的结论才基本合理。

具有满意一致性的检验指标：

$$CR = \frac{CI}{RI} (CR<0.1 \text{ 时，具有满意的一致性}) \tag{6-4}$$

其中：$$CR = \frac{\lambda_{MAX} - N}{N - 1}，而 \lambda_{max} = \frac{1}{n}\sum_{i=1}^{n}\frac{(B \times W_B)_i}{(W_B)_i} \tag{6-5}$$

RI 为平均随机一致性指标，与判断矩阵的阶数 N 有关，对于 1 ~9 阶的矩阵，具体取值见表 6-4。

表 6-4 平均随机一致性检验

阶数	1	2	3	4	5	6	7	8	9
RI	0.00	0.00	0.58	0.90	1.12	1.24	1.32	1.41	1.45

6.2.1.5 数据处理

根据层次分析法的层次单排序理论和一致性检验理论，本研究将 10 份有效的专家评价问卷表进行数据处理，即对专家所确定的两两比较结果进行算术平均，建立了林农森林可持续经营管理影响因素重要度的两两判断矩阵。具体的情况见表 6-5。

表 6-5 *A* − *B* 矩阵汇总表

A	B_1	B_2	B_3	B_4	W_{Bi}
B_1	1	3.4417	2.0595	1.4625	0.291003(1)
B_2	1.6788	1	1.5121	0.9912	0.204256(4)
B_3	1.7	2.7708	1	0.75	0.222340(3)
B_4	1.8417	2.9583	1.6875	1	0.282401(2)
$CR = CI/RI = 0$，完全一致					

从一致性检验来看，本研究构建的只是 2 阶判断矩阵，而从表 6-4 可知，对于 1 阶和 2 阶判断矩阵，RI 只是形式上的，$RI = 0$。因此，$CR = CI/RI = 0$，按判断矩阵的定义，他们是完全一致的，完全通过一致性检验。所以，$A - B$ 判断矩阵满足算法要求，可以用来研究所涉及的影响因素排序分析。

6.2.2 排序结果分析

由计算结果可知，影响森林可持续经营管理的四大影响因素排序依次为：技术因素、组织因素、资金因素和人力资源因素。在排序中，技术因素对总目标的权重最大，为 0.291003。可见，林权改革后，零散的林农要管理好分到户的森林，实现森林可持续经营必须借助于森林可持续经营方案，在科学、合理的林农森林可持续经营方案的指导下，可持续性地经营森林，将森林经营的长期经济效益与眼前短期利益相结合，实现森林经营的经济效益最大化和永久化。在追求经济效益的同时兼顾森林经营的生态效益和社会效益，将森林经营对生态环境的负面影响最小化。

在排序中发现，组织因素对总目标的权重比较高，是0.282401，这表明林业合作组织对森林可持续经营管理的影响也是十分显著的，从国外林业发达国家私有林森林管理的经验来看，私有林进行联合，走联合发展的道路是解决小规模林地与森林经营规模化矛盾的有效方式。因此，鼓励和引导林农在自愿的基础上进行联户经营，组建大量高效运行的林业合作组织，是引导林农科学经营森林，从而实现森林可持续经营目标的重要组织保障。

资金因素对总目标的权重是0.222340，这表明林农融资困难，资金的缺乏已成为林农实现森林可持续经营管理的瓶颈。因此，进行林业金融体制改革，促进林业金融体系的建设和机制创新，消除林农融资约束，保证林农营林资金，是林农实现森林可持续经营管理的过程中必需扫除的重大障碍。

人力资源因素对总目标的权重是0.204256，这意味着林权制度改革后，森林可持续经营管理人力资源的素质和质量急需提高。一直以来，我国南方集体林区经营和管理森林的方式比较粗放，这种粗放，简单的森林经营管理方式对人力资源的要求相对较低。林权制度改革后，各层次森林经营管理部门服务的内容和对象发生了改变，对管理人员提出了更高的要求。而林农作为森林经营管理的主体，承担着实现森林可持续经营目标的重任，素质和营林能力的提高显得更为迫切。

6.3 影响因素的综合分析

从对12位森林经营管理专家问卷调查情况运用层次分析法排序的结果来看，就影响森林可持续经营管理的这4大因素来说，他们对总目标的权重都在0.20以上，相互之间的差距比较小，排在第一位和最后一位影响因素的差距仅为0.086747，这说明技术因素、组织因素、资金因素以及人力资源因素对森林可持续经营管理来说都是比较重要的因素，缺一不可。同时，他们之间并非是相互独立，毫不关联的。相反，这4大因素之间关系密切，相辅相成：一是技术因素即林农森林经营方案的编制及实施需要资金、组织、人力资源作为其基本保障与支撑，否则，方案难以科学编制与有效贯彻实施。同时，方案的科学编制与有效实施反过来又能增加林农经营森林的资金，提高林农经营森林的水平以及促进森林经营合作组织的发展及完善。二是组织因素即森林经营合作组织高效运行能培训林农，提高林农的素质和营林水平；能为林农森林经营提供资金；能为方案的编制和实施工作给予巨大的支持。三是资金因素即林农拥有充足的资金能加快对森林经营合作组织的建设，提高其运行效率；能加大营林投入，提高营林的技术水平，在资金方面保障方案的有效执行；用资金聘请营林专家提高自己的营林水平。四是人力资源因素即林农素质的提高能主动支持方案的编制，有能力实施方案；能主动积极地组建林业合作组织，加快林业合作组织的内部建设；有能力积聚更多的营林资金。

从实地调研的情况来看，森林经营方案的编制与否、森林经营合作组织的数量，规模及内部制度完善程度、森林经营管理人员的业务以及思想素质、森林经营管理的投融资的规模及难易度都是影响森林可持续经营管理效果的重要因素。

综上所述，技术因素、组织因素、资金因素以及人力资源因素是影响南方集体林区森林可持续经营管理的四大重要因素。

第 7 章

南方集体林区森林经营管理方案的框架设计

7.1 森林经营管理方案构建的目标和基本原则

7.1.1 森林经营管理方案构建的目标

森林经营管理方案是一个涉及范围广泛、考虑因素众多的复杂管理系统。其作为一个目标导向、成功导向的复杂管理系统具有自己明确的管理目标。而总目标需要子目标来支持，这样，总目标下面又划分为若干分目标，形成了一套层次分明的目标体系和网络。

森林经营管理方案是构建了一套以森林可持续经营方案为核心，森林经营管理人力资源、森林经营投融资体制、森林经营合作组织、森林经营方案执行制度为保障的管理体系。通过森林经营管理方案的构建，不仅从森林可持续经营方案的自身考虑，即在技术规范上保证方案的可行性和科学性，而且从森林可持续经营方案的具体实施环节和与其密切关联的因素上综合思考，即在执行制度上、资金上以及人力资源上充分保证森林可持续经营方案的编制与实施。从而使贯彻森林可持续经营思想，符合林农森林经营实际的森林可持续经营方案得到很好的执行和贯彻实施，使森林可持续经营方案真正发挥对森林经营、保护、利用与管理的中长期规划设计的作用，指导林农科学经营森林，提高林农收入，充分发挥森林的生态、经济和社会效益，建设和培育健康、稳定、高效和充满活力的森林生态系统。

7.1.2 森林经营管理方案构建的基本原则

(1)整体性原则。整体性是指构成系统的诸要素是个有机联系的整体，系统的组成要素是相互作用、相互依存又相互制约的，都为同一个目标而协同有序地工作着。整体性是一切事物普遍具有的属性。亚里士多德就曾提出“整体大于部分之和”的著名论点，一般系统论创始人贝塔朗菲也提出著名的“非加和原则”。其目的在于阐明整体与局部的区别，所说整体大于部分之和，是说明由各部分组成的有机整体的功能大于各部分功能之和，而非加和原则，是指整体功能不等于各组成部分的功能之和。因此，必须用整体性的观点去分析问题，解决好整体与要求局部的关系，确保系统诸要素能够按整体目标的要求协同动作，最终实现整体的最优化。

构建森林可持续经营管理方案时应当从整体出发，立足于整个系统来分析各个构成因素及其之间的关系，科学设计和协调统一整个系统的各个组成部分，注意内部各组成部分的相互配合与相互补充，避免各因素之间的重叠、不协调、矛盾甚至冲突。使整个管理方案诸要素之间有着合乎逻辑的内在联系并形成一个有机整体，保证目标高效、优质、顺利的实现。

(2)实事求是，循序渐进的原则。森林可持续经营管理方案涉及技术、资金、组织、制度以及人力资源等各方面的因素，是一个关联到几个不同领域的多维的概念。而且，从目前的实际情况来看，这几个方面都处在发展的较低水平，它们各自的发展需要一段时间，它们的相互协调和融和需要时间的磨合。就森林的可持续经营而言，南方集体林区要实现森林可持续经营的目标也需要一段时间的森林经营调整，改变当前不合理的林分结构，改变目前不合理的森林经营方式、采伐模式，实现区域内的森林可持续经营的目标，这一段时间可能需要几个森林经理期。因此，森林可持续经营管理方案的贯彻实施是一个循序渐进的过程，不可能一跃而就。这就需要从实际出发，结合当前森林资源经营的现状，分步骤、分阶段地实现森林可持续经营的目标。

7.2 森林经营管理方案构成要素及相互关系分析

7.2.1 森林经营管理方案构成要素

森林经营管理方案是由五部分组成，即森林可持续经营方案、森林经营管理人力资源、森林经营投融资体制、森林经营合作组织以及森林经营方案执行制度(图7-1)。

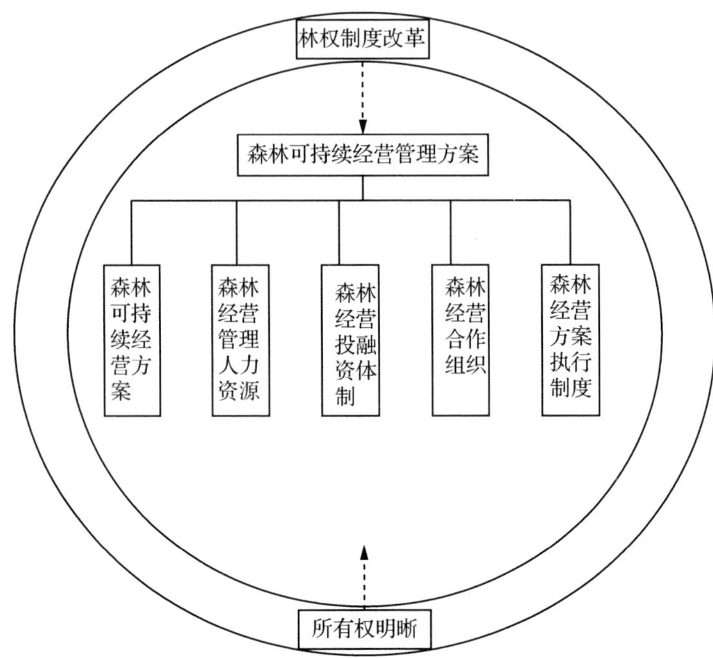

图 7-1 森林可持续经营管理方案构成要素

┈┈→表示影响的关系

7.2.2 森林可持续经营管理方案构成要素之间的相互关系

森林可持续经营管理方案中五个组成部分相互衔接，彼此之间相辅相成，相互作用。同时，森林可持续经营管理方案作为复杂的管理系统，它的有效运转需要各个组成部分有机地整合在一起，相互配合，彼此支撑，充分发挥整合的效应。在森林可持续经营管理方案中，森林可持续经营方案是核心，其他四大部分是保障。

7.2.2.1 森林可持续经营方案在森林可持续经营管理方案的地位

科学、可行的森林可持续经营方案是森林可持续经营管理方案的基础和核心部分，是其重要的内生变量。森林可持续经营管理方案就是以森林可持续经营方案为基点建立的框架结构，其他组成部分如森林经营管理人力资源、森林经营投融资机制、森林经营合作组织以及森林经营方案执行制度都是为森林可持续经营方案服务的，是保障森林可持续经营方案编制与实施的重要因素。

7.2.2.2 森林可持续经营方案与其他因素之间的关系

森林可持续经营管理方案构成要素之间的关系如图 7-2。由图 7-2 可知，森林可持续经营方案是森林经营管理人力资源服务的对象，森林经营管理人力资源是指为森林可持续经营方案编制和实施服务的人力资源，森林经营管理人力资源的充分开发利用能够保障编制森林可持续经营方案的技术人员的数量和质量，提高林农的营林技术，保障森林可持续经营方案的实施；森林经营投融资体制服务的对象是森林可持续经营方案，健全的森林经营投融资机制能保证森林可持续经营方案编制的资金和林农贯彻落实森林经营方案中的林业生产所花费的各种营林生产费用，从而为森林可持续经营方案编制和实施提供了资金保障。林权制度改革后，林农所得的林地经营规模都很小，大量森林经营合作组织能将零散的森林集中成片成林，达到一定的规模，从而为森林经营方案的编制提供必要的前提，同时，森林经营合作组织还能为森林经营方案的编制与实施提供资金、技术、信息等方面的支撑。森林可持续经营方案执行制度是为保障森林可持续经营方案编制与实施的具体制度，受森林可持续经营方案支配，服务和服从于森林可持续经营方案。

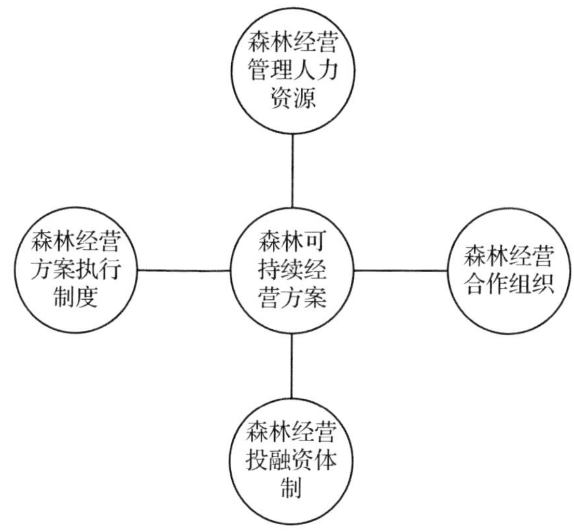

图 7-2　森林可持续经营管理方案构成要素之间的相互关系

总之，森林可持续经营管理方案是在总结实践的基础上形成一套完整的、相互关联的、合乎逻辑的理论框架，是森林经营方案系统研究的现实需要。在森林可持续经营管理方案的框架构成中，虽然各要素存在着主次之分，其中森林可持续经营方案起着主导和支配作用。但是，这五个因素作为一个整体，各个因素相互依存、缺一不可，是相互联系、相互作用的，是一个有机的结构系统。只有充分发挥这些因素的合力作用，才能保证森林可持续经营方案的编制与实施。

第 8 章

森林可持续经营方案的编制及执行机制

林农森林可持续经营方案的编制及有效贯彻执行需要一系列相互联系、相互制约的规则或制度作为其基本保障。本章在对调研区林农森林经营方案编制与执行制度进行总结归纳的基础上，从管理学的角度出发，围绕森林可持续经营方案编制与执行的关键环节构建了林农森林可持续经营方案的编制及执行机制，弥补了调研区森林经营方案编制及执行机制还不够健全的地方。

森林可持续经营方案的编制及执行是指编制及贯彻实施科学编制的森林经营规划以达到预期目标的全部活动和整个过程，也是一个科学编制——主动执行——监督的循环回路，涉及方案编制及执行的各个方面，各个步骤、各要素与各环节之间的相互联系。本研究按方案编制及实施涉及的主要环节将林农森林可持续经营方案的编制及执行机制视为一个由传播、编制、审批、实施、监督控制等五个环节有机构成的开放的系统过程(图 8-1)。并且这五个环节相互制约、相互联系，共同影响着林农森林可持续经营方案编制及执行活动的全过程。因此，本研究将林农森林可持续经营方案编制及执行机制构成分为方案编制理念的传播机制、方案编制机制、方案审批机制、方案实施以及方案监督控制机制。而方案监督控制机制又包括方案内部管理和监督机制以及方案外部监督和控制机制(乔成邦，2006)。

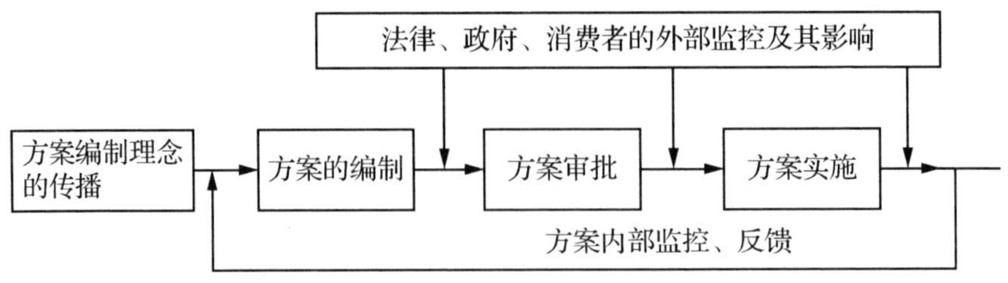

图 8-1　方案编制及执行过程基本模式图

8.1 完善方案编制理念传播机制

针对当前南方集体林区林农森林经营方案编制理念传播机制存在的两大缺陷：一是传播渠道的单一、狭长；二是淡化了对编制客体即林农的实际需求。因此，针对其弊端，完善森林可持续经营方案编制理念传播机制的途径主要有：

8.1.1 发挥林业合作组织的宣传作用

集体林权制度改革后，森林经营合作组织发展壮大，成为连接林农和林业主管部门的桥梁。而森林经营合作组织在宣传、传播方面也具备一定的优势。一是现阶段南方集体林区许多森林经营方案的编制都是以森林经营合作组织为单位，许多会员参与了森林经营方案的编制工作，对森林可持续经营方案相对熟悉，具备了宣传和传播的实力。二是森林经营合作组织的会员尤其是负责人一般都是农村中文化层次相对较高、具有合作意识和开拓精神的“能人”，这些人对新事物的接收和理解能力都相对较高。基层林业站对千家万户林农的宣传工作转为对森林经营合作组织会员的宣传，能减少宣传对象，提高宣传效果。三是森林经营合作组织会员来自于当地，对当地林农的基本情况，包括文化层次、森林经营的能力以及性格脾气都比较了解，让他们作为森林可持续经营方案的宣传和传播者，能够因人制宜地进行宣传工作。因此，林业主管部门要充分利用这些桥梁，实行“基层林业站人员 + 合作组织 + 林农”的宣传形式，让森林经营合作组织发挥对森林可持续经营方案的宣传和解释的作用。

8.1.2 采用结合林农实际的多种宣传形式

单一渠道口头宣传的最大的缺陷是传播速度较慢，影响范围比较狭窄。对广大林农进行森林可持续经营方案的宣传要采取结合林农的实际，开展多种形式的宣传活动。所谓结合林农的实际就是要充分考虑到林农较低文化层次、有限的理解能力等。因此，宣传形式的选取应当首先考虑通俗易懂、林农乐于接受的宣传形式。一般在农村比较适用的宣传形式有广播宣传、印发森林经营方案有关内容的传单以及小册子、将森林可持续经营方案的意义和内容编成林农喜闻乐唱的诗歌广为传唱等。

8.1.3 建立方案编制单位与林农的互动机制

林农是森林可持续经营方案的具体执行者，林农对森林可持续经营方案的理解和支持是方案有效执行的必要前提，森林可持续经营方案要充分反映林农的意愿和利益。为此，必须建立方案编制单位与林农的互动机制。一是建立反馈机制，把林农对森林可持续经营方案具体需求的信息通过反馈机制输入方案编制单位，以便方案编制单位在具体编制森林可持续经营方案时考虑林农的意愿，考虑林农的具体要求。二是建立编案单位与林农之间的价值互动机制。森林可持续经营方案编制单位应当充分尊重林农经济价值的取向，精心构筑与林农之间的价值互动机制。引导林农逐步调整、改变已有的价值观念，逐渐理解并注重森林的生态效益、社会效益以及森林可持续经营的理念。同时，还要帮助林农明确森林经营的短期利益与长远利益、局部利益与整体利益的关系，引导林农做出恰当的价值选择。

8.2 创新森林可持续经营方案编制机制

8.2.1 方案编制的主体

按照《森林经营方案编制与实施纲要》(试行)(2006)规定编制森林经营方案的具体工作应由林业调查规划设计资质的单位承担。林农森林经营方案属于三类编案单位，按照规定，应由乙级以上林业调查规划设计资质的单位承担。而从调研区的实际情况来看，林业调查规划设计人员难以满足林农森林经营方案编制工作的现实需要。借鉴永安市让基层林业站获取伐区调查设计资格证的技术人员参与方案的编制工作，缓解了编制技术人员紧张局面的做法以及日本森林组合技术人员能编制森林经营方案的做法。为解决林农森林经营方案编制人员的供需缺口，应该让基层林业站和森林经营合作组织的技术人员参与林农森林可持续经营方案的编制工作。因此，林农森林可持续经营方案的编制主体：一是丙级以上林业调查规划设计队的技术人员；二是基层林业站获取伐区调查设计资格证的技术人员；三是林业合作者组织中经过专门方案编制技术培训的技术人员。

8.2.2 方案编制的程序

林农森林可持续经营方案编制的程序为：编案准备——林农提出编制森林经营方案的要求——县林业主管部门批准——外业调查阶段——方案编制阶段。

8.2.2.1 编案准备

(1)组织准备。一是成立领导机构。南方集体林区县级林业主管部门要成立森林资源规划设计调查和编制森林经营方案领导小组和办公室，负责组织和指导调查与编案工作。二是对林农进行宣传教育。采取各种林农乐于接受的形式大力开展宣传教育，让广大林农充分意识到编制森林经营方案的重要性，愿意参加森林经营方案的编制与实施，引导个体林农联合经营和科学合理经营森林。

(2)收集资料。收集资料包括上期森林经营方案的有关图、表、文字资料；上期森林资源规划设计调查(年度变化调查统计)有关图、表、文字资料；上期森林经营方案编制的有关技术规定和技术经济指标；近期林权制度改革与林权登记发证的成果及有关情况的资料；近期本地区社会、经济和自然等方面的资料；生态公益林规划图表和文字资料；印制各种用图(林业基本图、地理信息图、林权登记发证“宗地”权属分布图等)和用表(小班变化调查记录卡、调查规划一览表、调查用的数表等)；绘制全县林权制度改革后的林权权属图(纸制)，并输入本县森林资源监测管理系统平台，作为辖区内森林资源调查和森林经营方案编制的林权权属图层(电子版)，确保林权制度改革成果与编案成果对接。

(3)技术培训。对编制森林经营方案的编制人员进行技术培训。培训内容包括森林经营方案编制的有关文件和林业发展规划，森林经营方案编制的有关技术章程，森林资源规划设计调查技术规定，森林采伐技术规范，森林经营方案编制技术规定，了解本县林权制度改革与林权登记发证情况及其林改成果资料在森林资源调查和经营方案编制中的应用，本县近期林业有害生物发生动态和防治措施。

8.2.2.2 外业调查阶段

具有相应资质的专业调查人员对提出编案申请、县林业主管部门同意编案林农的森林资源现状进行必要的外业调查。在外业调查过程中，调查人员要充分利用最新二类调查和年度进行的小班变化调查记录卡上的森林资源调查数据，到准备编案的现场检查核对，进行相关的外业调查，更改有变动的数据。小班调查数据的统计分析由各省林业主管部门提供软件，各县林业主管部门运作，打印输出森林资源调查成果。

8.2.2.3 方案编制阶段

在外业调查基础上进行森林可持续经营方案有关项目的规划设计。不同类别的森林可持续经营方案即商品用材林可持续经营方案和一般生态公益林可持续经营方案的规划设计内容不同。林农参与森林可持续经营方案的编制工作，编案人员应充分尊重林农对方案编制的要求，林农在编案人员的指导下自主决定经营方针和目标、造林树种、造林时间、苗木用量、多种经营的类型等内容。在方案编制的技术方法上，森林可持续经营方案编制应以生态系统经营理论为指导，一般生态公益林可持续经营方案的规划要借鉴成功案例，应用运筹学、经济学、生态学、森林经理学、森林培育学、计算机技术、信息技术等软科学方法和技术手段进行系统分析、决策优化、综合评价和规划设计，以提高森林可持续经营方案的科学性、先进性和可行性。

8.2.3　方案编制的具体内容构成

由于森林可持续经营需要标准和指标来衡量，相应的南方集体林区森林可持续经营方案也需要森林可持续经营标准和指标作为其经营目标的参照依据。因此，设计南方集体林区森林可持续经营标准和指标体系成为方案编制内容设计的一种必然和基本前提。设计了南方集体林区森林可持续经营标准和指标体系后，本研究按"森林分类经营的思想"将林农森林可持续经营方案分为两大类：一是林农商品用材林可持续经营方案；二是林农生态公益林可持续经营方案。不同森林可持续经营方案的侧重点不同，所设计的具体内容构成也有很大的差别。

8.2.3.1　林农商品用材林经营方案编制内容

林农商品用材林可持续经营方案编制的具体内容包括：森林可持续经营的目标；森林经营类型的规划设计；更新造林的规划设计；森林保护的规划设计；森林采伐的规划设计以及成本和经济收益的估算。

(1)森林可持续经营的目标。经营目标应在评价过去经营成效基础上，根据现有森林资源状况、林地生产潜力、森林经营能力和当地经济社会情况等综合确定。林农商品用材林可持续经营方案的经营目标必须参照南方集体林区森林可持续经营标准与指标体系。由于商品用材林主要是发挥经济效益，兼顾生态效益、社会效益。因此，它的经营的总体目标主要是维护经济可持续性，兼顾森林生态系统的完整性、社会可持续性。具体目标主要包括六个方面：一是森林生产力及其维持；二是森林健康及其维持；三是森林生态系统的检测技术；四是社会公平；五是社会效益；六是经济效益。这六个方面又有具体衡量的子目标。具体情况见表8-1。

表8-1　林农商品用材林可持续经营的具体目标

一、森林生产力及其维护	1. 经理期末经营面积；林地面积；森林总蓄积
	2. 森林覆盖率
	3. 用材林各龄级的比例
	4. 人工林年均生长量
	5. 造林成活率和保存率
	6. 人工林年均生长量
	7. 人工林中阔叶林的面积和比例
	8. 土壤物理性质因人为原因而显著变化或板结的森林面积和比例
	9. 林业基础设施建设情况
	10. 低产林改造的面积

（续）

二、森林健康及其维持	1. 森林病虫害面积占森林经营面积的比例 2. 每年森林火灾发生的频率 3. 森林防火制度的完善程度 4. 森林病虫害制度的完善程度 5. 森林遭受风霜损害的面积
三、森林生态系统的检测技术	1. 森林资源调查的技术 2. 森林资源调查人员和方案编制人员的能力 3. 调查数据的时效性
四、社会公平	1. 公民参与森林经营方案编制与实施的程度 2. 森林经营者受培训的机会
五、社会效益	1. 森林覆盖率 2. 森林经营提供给当地居民的就业机会
六、经济效益	1. 森林经营的投入 2. 森林经营的收入 3. 非木质林产品的收入 4. 林业合作组织的发展程度

（2）森林经营类型的规划设计。人工用材林实行集约经营，主要采用小面积皆伐方式进行采伐，根据“南用”的经营目标以培育大中径级材为主，提高木材价值和林分质量。商品用材林根据亚林种、树种(组)、起源、经营水平、培育材种等划分经营类型。可以具体划分为：集约杉木大径材、集约杉木中径材、集约杉木小径材、集约马尾松大径材、集约马尾松中径材、集约马尾松小径材、一般杉木大径材、一般杉木中径材、一般杉木小径材、一般马尾松大径材、一般马尾松中径材、一般马尾松小径材、天然马尾松大径材、天然马尾松中径材、速生阔叶树中径材、慢生阔叶树中径材、天然阔叶林大径材、天然阔叶林中径材、短轮伐期桉树。森林经营类型规划设计具体内容包括：林班、大班、小班面积、地类、林种、地权、林权、立地质量等级、优势树种、树种组成、起源、郁闭度、年龄、龄组、平均胸径、平均树高、每亩林分蓄积、每亩林分株数、小班林分蓄积、散生木蓄积、散生木株数、经营类型。

（3）更新造林的规划设计。更新造林的规划设计包括：确定更新造林地点、确定更新造林树种、人工造林措施的规划设计、幼林抚育的规划设计、成林抚育措施的规划设计。就人工造林措施的规划设计而言，南方集体林区各省要以县为单位编制林地立地质量等级表，根据立地质量的优劣划分林地生产力等级及各立地类型的面积和比重。林地生产力等级应根据当地主要树种生产水平划分，划分指标可用年平均树高生长、蓄积生长双因子控制。在立地类型基础上，选择乡土树种、速生丰产、经济效益高的树种为主编制造林类型表。表中根据树种组成科学规范株行距、林地清理方式、整地方式及规格、混交方式、造林方法、季节和苗木规格、前三年幼林抚育的次数及方法。林农根据造林小班的造林林种、造林树种、造林密度、培育材种、立地质量和经营能力等条件，按本县造林类型表的要求，规划人工造林的有关技术措施。

（4）森林保护的规划设计。森林保护的规划设计包括森林防火和森林病虫害防治的规划设计。

一是森林防火：①建立健全森林防火预测预报体系，强化火情监测；②积极营造生物防火林带，建成以生物防火林带为主体的林火阻隔网络，对防火林带分期规划其具体长度；③强化野外火源管理，规范祭祖火、地边火、烟头火、生产火等各种火源。

二是森林病虫害防治：①选育抗病能力强的品种，立足本地资源，以选为主，选、引、育相结合；②严格执行植物检预制度，发现危险性病虫害，立即采取果断措施进行处理；③加强营林管理，采取科学经营措施，提高林分质量，增加林木抗病虫害的能力，开展抚育间伐和卫生伐，及时砍除病虫害木、消除病虫源；④采取保护、繁殖、移放、引进等措施，增加林内有益生物的种类和数量，发挥生物防治的作用；⑤对有害生物防治面积按有林地面积的30%进行，按年度规划有害生物防治面积。

（5）森林采伐的规划设计。①年森林合理采伐量的测算。林农商品用材林可持续经营方案以县为联合总体测算年森林合理采伐量，作为编制年森林采伐限额的依据。用材林主伐分别测算第一个五年和第二个五年的年伐量，中幼林抚育间伐测算第一个五年的年伐量。测算的依据为本省林业主管部门认定的森林资源数据、制定的技术参数和确定的轮伐单元。测算的原则：一是年采伐量低于年生长量；二是适时采伐可利用资源，不提前主伐未成熟林分；三是充分适应市场需求，能够获得最佳效益。用材林主伐量采用“分期平衡法”测算，具体测算方法和技术参数一律采用林业主管部门统一开发的软件。②年森林合理采伐量的分配。林农商品用材林可持续经营方案以县为联合总体测算年森林合理采伐量。编制年森林采伐限额的，应将各采伐类型、各树种、各经营类型的采伐限额或合理采伐量分配到森林经营方案编制单位。③采伐区规划的内容。包括伐区地点、采伐类型、采伐方式、采伐强度和采伐量。森林采伐要落实到山头地块和经营者。④采伐区配置的原则。一是各采伐类型采伐林木的年龄、生长状况、采伐方式、采伐强度和伐区面积要符合各省和南方集体林区的森林采伐技术规范的要求。二是成过熟林在坡度36°以下，连片面积300亩以上的小班应隔窠或隔带采伐，保护森林环境。三是征占林地、遭受灾害的林木适时安排采伐；无林权证或权属有争议的林木不得安排采伐。四是各采伐类型的采伐量分项控制，各年度采伐量指标可推后但不能提前使用。⑤初定采伐区顺序。一是对现场规划初定伐区采伐年度、采伐地点、采伐类型、采伐数量进行审定，将符合采伐条件的小班综合汇总。二是初定伐区的分类采伐量等于或少于采伐量分配指标的，尊重经营者的意愿。初定伐区的各类采伐量大于分配指标的，用材林主伐按同类小班林龄由大到小顺序安排，多的部分推移到下一年度或下一个五年。三是初定的伐区采伐地点、采伐年度、采伐数量等情况应张榜公示，听取广大经营者的意见。

(6)成本和经济效益的估算。成本是指林农在森林经营过程中所有的营林投资和花费。包括：苗木的花费、雇人造林的支出、幼林抚育的支出、森林防火的支出、森林病虫害的支出、抚育间伐雇工的支出、抚育间伐上交的各项费用、主伐雇工的支出、主伐上交的各种费用以及人力不可抗拒，难以预测的自然灾害花费的可能费用。其中，幼林抚育的支出还包括自投工的机会成本以及投肥的资金开支。经济收益是林农通过森林采伐包括抚育间伐和主伐所获得收益。具体包含的内容见表8-2。

表8-2 林农森林经营的成本与收益表

类别	代码	计算公式	数量
苗木的花费	C1		
雇人造林的支出	C2		
幼林抚育的支出	C3		
森林防火的支出	C4		
森林病虫害的支出	C5		
抚育间伐雇工的支出	C6		
抚育间伐上交的各项费用	C7		
主伐雇工的支出	C8		
主伐上交的各项费用	C9		
自然灾害的预支费	C10		
营林的总成本	C0	C0 = C1 + C2 + C3 + C4 + C5 + C6 + C7 + C8 + C9 + C10	
抚育间伐的总收益	S1		
森林主伐的总收益	S2		
营林的经济总收益	S0	S0 = S1 + S2	
营林的利润	I	I = S0 - C0	

8.2.3.2 林农一般生态公益林方案编制的内容构成

林农一般生态公益林可持续经营方案编制的具体内容包括：编制方案的经营方针和经营目标、森林经营类型的规划设计、更新造林的规划设计、森林抚育间伐的规划设计、森林健康与生物多样性保护、森林经营基础设施建设与维护、森林经营的生态与社会影响评估、多种经营、投资估算与效益分析。

(1)编制方案的经营方针和经营目标。森林经营方针是编案单位在相当长期内，对比较稳定的生产发展方向做出定性的高度概括，编案单位应根据国家、地方有关法律法规和林业政策结合自身森林资源利用现状、经营特点、技术与基础条件等实际情况出发制定的，它规定了森林经营的方向和道路，是一条各方面都要贯彻的红线。一般生态公益林可持续经营方案的经营方针必须统筹好当前与长远、局部与整体、经营主体与社区的利益，协调林农的经济利益与生态环境保护、生态系统完整性的关系。确保森林资源的生态、社会效益的充分发挥，兼顾经济效益。经营方针的主要内容包括：森林培育方向、森林经营方式与经营重点、森林经营管理与保护的主要措施、森林结构和产业(产品)结构调整等。

森林经营目标与经营方针不同，经营方针是定性的，经营目标是定量的，它体现出贯彻方针的数量化的指标。林农一般生态公益林可持续经营方案的经营目标必须和南方集体林区森林可持续经营标准与指标体系相结合，是南方集体林区森林可持续经营标准与指标体系的具体反映。由于一般生态公益林主要是发挥生态效益、社会效益、兼顾经济效益。因此，它的经营目标主要是维护森林生态系统的完整性、社会可持续性、兼顾经济可持续性。主要包括：①生物多样性的保护(经营期末混交林占森林经营面积比例；生态公益林面积占全村森林总面积的比例；物种多样性指数；物种多样性保护措施的建设)。②森林生产力及其维持(天然林年采伐量与年生长量的比例；天然林各龄级的比例；低产林改造的面积；林业基础设施建设政策和建设规模；土壤物理性质因人为原因而显著变化或板结的森林面积和比例；每公顷天然林的蓄积量)。③森林健康及其维持(森林病虫害面积占森林经营面积的比例、每年森林火灾发生的频率、森林病虫害制度的完善程度、森林防火制度的完善程度)。④森林经营活动的环境影响(小流域内水的含沙程度、水土流失状况、每5年洪水暴发的频率)。⑤森林生态系统的检测技术(森林资源调查的技术；森林资源调查人员和方案编制人员的能力；调查数据的时效性)。社会公平(公众参与森林经营方案编制与实施的机制；森林经营者受培训的机会)。社会效益的指标(森林覆盖率；森林经营提供给当地居民的就业机会；提供科研、教育、旅游、游憩的场所)。⑥经济进步(森林经营的投入，森林经营的收入和结构，促进森林经营收益增加的科技服务体系)。⑦经济公正和稳定(森林生态效益补偿的标准；森林生态效益补偿基金制度建立及实施程度；非木质林产品收获量；林业合作组织的发展程度)。

(2)森林经营类型的规划设计。一般生态公益林采伐禁止皆伐，根据森林经营的具体情况采用生态疏伐或梯层采伐，形成复层混交异龄林，尽量保留林分中的阔叶树，确保林下植被不受破坏。生态林根据林种、亚林种、起源划分经营类型，可以具体划分为：沿海防护林、水源涵养林、水土保持林、防护林(综合)等。编案单位以小班为单元组织森林经营类型，将经营目的、经营周期、经营管理水平、立地质量和技术特征相同或相似的小班组成一类经营类型，作为基本规划设计单位。

(3)更新造林规划设计。一般生态公益林的更新造林规划设计包括确定更新造林地点、确定更新造林树种、造林种苗的规划设计、人工造林措施的规划设计、天然更新措施的规划设计、成林抚育措施的规划设计。

天然更新措施的规划设计：确定天然更新的小班，要规划设计必要的人工促进措施。一是留足母树。采用天然更新的小班，进行皆伐的要根据其树种天然下种能力和小班面积、地貌等情况，留足必要的母树。二是保护幼树。采用天然更新的小班，进行采伐和集材时，要选择适宜的集材方式，保护好幼树。三是封山育林。采用天然更新的采伐迹地及火烧迹地、疏林地等小班，根据群众生产、生活的需要，因地制宜采取全封、半封或轮封的方式，立牌告示，限制人畜活动，促进更新造林。

(4)森林抚育间伐的规划设计。①抚育采伐年龄和间隔期的确定；②抚育采伐强度；③出材率估算；④抚育采伐出材量。按树种，分年度规划设计年度抚育采伐量。

(5)森林采伐的规划设计。①主伐年龄的确定；②出材率估算；③主伐量的确定；④主伐方式、年度和地点的规划设计。

(6)森林健康与生物多样性保护。①森林防火规划要进行森林防火隔离带的规划设计，区划森林火险等级，制定森林防火布控与应急预案，规划森林扑火队伍、武装和基础设施，完善森林防火制度。②林业有害生物防控规划应与营造林措施紧密结合，以营造林防控为主，辅以必要的生物防治和抗性育种等措施。开展森林检疫，做好苗木、种子的检疫工作，凡不健康的苗木一律不能上山。在采用生物防治措施的同时，还应注意适当采取化学防治措施，以便及时防治有蔓延危险的病虫害。建立健全病虫害防治组织机构，以村为单位建立标准化病虫害防治站和研究中心，负责全村病虫害防治研究指导工作，对防治站现行缺少的设备予以配齐，并在有条件的地方设长期观测点。③林地生产力维护措施应贯穿森林经营的全过程，应充分考虑有利于地力维持的培肥技术、采伐要求、化学制剂应用等保护对策。在营造林方式上，应以营造混交林为主，采用营林技术，培育阔叶林和混交林。④生物多样性保护规划应充分考虑生物资源类型、保护对象特点、制约因素及影响程度、法律法规与政策等。一是要注意对景观、生态系统、物种和遗传基因等不同层次多样性的系统保护；二是将高保护价值森林区域作为规划重点，明确高保护价值区域范围、类型与保护特点，提出保护措施；三是以林班或小流域为单位，以指示型物种确定适宜的树种、森林类型和龄组结构，保持物种组成、空间结构和年龄结构的异质性；四是注重保护珍稀濒危物种和群落建群树种的林木、幼树、幼苗，在成熟的森林群落之间保留森林廊道。

(7)森林经营的生态与社会影响评估。南方集体林区森林经营的生态与社会影响评价应参照南方集体林区森林可持续经营标准与指标。重点包括对生物多样性保护，森林生产力及其维持，森林健康及其维持，森林经营活动环境影响，社会效益包括森林覆盖率、森林经营提供给当地居民的就业机会、提供科研、教育、旅游、游憩的场所等方面评估。

(8)多种经营。在南方集体林区，森林资源是农民赖以生存的物质生产资料，并且生态公益林的建设管护与群众的生产生活是耦合在一起的，需要考虑林农营林的经济收益。多种经营是林农充分利用自然环境、生态公益林区多种资源、兴林致富的突破口。发展多种经营应因地制宜，确定项目要考虑投资少、见效快、收益高的项目。一般可考虑中草药开发、笋干、木耳、食用菌栽培、采集经济作物、畜牧养殖和生态旅游开发等。

(9)投资估算。一般生态公益林投资估算包括营林投资、基建投资、雇工投资以及风险投资。营林投资主要有：①造林更新：包括种子、苗木、林地清理、整地造林、幼林抚育等；②森林经营：包括幼林补植、幼林抚育、抚育间伐、林分改造及其他林种抚育；③森林保护：包括防火林带、森林有害生物防治等。基建投资包括伐区基建投资、运输基建投资及其他投资。雇工投资是指营林、基建及多种经营过程中雇用工人的费用。风险投资是指对森林经营过程中可能遇到的不可抗拒的自然灾害预计支付的资金。

(10)经济效益分析

经济利润=所有产出收益-总投资-缴纳的各项税金+生态公益林补偿基金

式中：所有产出收益包括木材产值和多种经营产值；总投资包括营林投资、基建投资、多种经营投资以及雇工投资；缴纳的各项税金包括增值税、育林费、维简费、运输费。

8.3　健全森林可持续经营方案审批制度

8.3.1　审批单位

《中华人民共和国森林法》第十六条规定，“各级人民政府应当制定林业长远规划，国有林业企业事业单位和自然保护区，应当根据林业长远规划，编制森林经营方案，报上级主管部门批准后实行”以及“农村集体经济组织和国有农场、牧场、工矿企业等单位的森林经营方案，应在有关林业主管部门的指导下编制”。可见，现行的《森林法》没有规范非公有制林业企业及个人的森林经营方案的批准途径。2006年制定的《森林经营方案编制与实施纲要》(试行)中规定二类编案单位即达到一定规模的集体林组织、非公有制经营主体的经营方案由所在地县级以上林业主管部门审批并备案。三类编案单位即其他集体林组织或非公有制经营主体，以县为编案单位的经营方案由省级林业主管部门审批并备案。因此，可以规定凡是在本县行政区域范围内的森林包括非公有制林业企业、个人以及其他组织的森林，其编案成果由所在县级林业主管部门审批并备案，跨县的由设区市林业主管部门审批并备案，跨设区市和面积较大的由省林业厅审批并备案。

8.3.2　审批的程序及内容

对于集体林区非公有林可持续经营方案的审批程序要求尽量简单，实用，能真正起到监督、控制方案编制质量的作用。审批单位在接到非公有林可持续经营方案之日起7天内必须作出审批决定，如果有特殊情况可以延长至15天。在具体审查过程中，审批单位必须组建审批委员会。审批委员会的成员要包括市(县)级林业调查规划设计队的专家、技术专家包括防火、病虫害防治、造林及森林采伐方面的专家、林政管理处的人员、林农代表等。具体可采用论证会或函审的方式。审批部门根据审查委员会的意见，作出批准或修改、补充森林可持续经营方案的决定。如果需要修改和补充，要明确修改、补充的具体内容。审查的主要内容包括：①编案的森林资源数据的时效性和真实可靠性；②森林经营方针是否符合国家、省、市有关林业发展及改革的方针、政策；③营林措施及保护措施是否有利于森林资源持续增长、永续利用；方案确定年采伐量的合理性；④方案的深度和广度是否符合有关规程、规范要求。

8.4　构建森林可持续经营方案实施机制

森林可持续经营方案的实施机制就是要为方案实施的主体——林农创造一定的条件，提供相应的服务，督促林农森林可持续经营方案付诸实施，它是整个森林可持续经营方案执行过程的核心和关键环节。

8.4.1　方案解释机制

这里的解释就是对已经编制好了的森林可持续经营方案进行解释和指导，使森林可持续经营方案转化为广大林农所能理解并能按其技术规则进行实际操作的计划。为了给更多的林农提供更方便的方案解释服务工作，每个村需要设立森林可持续经营方案解释小组，解释小组是提高林农的生态意识，帮助林农理解并按森林可持续经营方案要求开展营林活动的协调机构，在森林可持续经营方案实施过程中起着协调、解释、组织以及指导的作用。其主要任务：一是对村内编制森林可持续经营方案的林农详细解释南方集体林区森林经营方案编制的技术规范，使编案林农熟悉和掌握可持续经营方案执行过程中必须遵循的营林技术规范。二是对林农在方案执行过程中遇见的各种疑难，包括营林技术上和营林政策上的困难进行指导和帮助。它的组成成员必须能完全理解森林可持续经营方案，并且掌握和熟悉与方案密切相关、体现森林可持续经营思想的营林技术规范，包括更新造林、森林保护以及森林采伐的技术规范。因此，组成成员最好包括基层林业站的专业技术人员。同时，鉴于基层林业站专业技术人员的不足，可以对具备一定营林知识，文化素质和接受能力相对较强的林业合作组织的会员或营林大户进行培训，使其成为森林可持续经营方案解释小组的成员。三是对林农进行森林可持续经营思想的宣传，提高林农的生态保护意识。只有在林农具备一定的森林文化素养，真正关注森林的生态效益，才会自觉地采用可持续经营方式经营森林，成功地实现角色转换，由纯经济学意义上的“经济人”，演变为具有现代生态意识的“理性生态经济人”。因此，对林农进行森林可持续经营思想的宣传，提高林农的生态保护意识尤为关键。为此，解释小组要充分利用一切信息传播网络进行森林生态意识的宣传。如充分利用村广播、村宣传栏进行有关森林保护方面的宣传。同时，要对当地有关森林保护方面的风俗习惯进行收集整理，并鼓励相关人士将这些风俗习惯编制为林农好记喜闻的歌曲、舞蹈、谚语，让其广为流传。

8.4.2　方案督促机制

林农是森林可持续经营方案的实施主体，为了促使林农严格按照森林可持续经营方案的规划科学、合理的经营森林，应当设置方案督促机构，在村规民约中增添有利于方案实施的规章条例，在正式制度和非正式制度的合力下督促林农有效地实施森林可持续经营方案。

(1)设置方案督促小组，明确职责。乡镇基层林业站设置森林可持续经营方案督促小组，督促小组的主要任务是检查和督促林农按森林可持续经营方案的规划科学地经营森林。由于目前有关森林可持续经营方案实施的法律法规尚未健全，为保证督促小组行为的有效性，使其真正能起到督促林农完全按方案经营森林的目的。林业主管部门应明确授予督促小组实质性的权力和责任。监督小组的具体职责：一是对林农森林可持续经营方案按小班进行年度和期末检查和验收，关键是把握造林检查和验收、前三年幼林抚育的检查和验收、森林保护包括森林防火和病虫害防治情况的检查和验收、森林采伐量以及方式的检查和验收。二是对年度检查和验收不合格的小班，督促小组有权要求其所属的林农按方案要求重新造林或抚育，对于态度恶劣，不配合方案督促小组行为的可以给予一定的经济处罚。

(2)村规民约的制约与监督。村规民约是村民在遵循国家法律法规的前提下，结合本村的实际，为维护本村的社会秩序、村民文化以及发展当地经济，就本村事物制定的自我约束、自我管理以及自我监督的共同行为规范，是约束规范村民行为的一种规章制度。具有自治、自律以及一定的强制性。督使林农实施森林可持续经营方案应该充分借用村规民约这种强大的非正式制度的力量，将有利于森林可持续经营方案实施的一些营林行为通过村民自己直接制定的自治性规范加以推崇，不利的营林行为加以约束和处罚。因此，集体林区各村的村规民约要结合本村的营林实际，根据森林可持续经营方案实施的现实需要，及时更新和增添有利于森林可持续经营方案执行的规章，使村规民约充分发挥督使林农实施森林可持续经营方案的积极作用。

8.5 构建森林可持续经营方案监控机制

监控是对森林经营方案执行活动进行监督和控制，以保证其执行活动按照原规划的意图和目标发展，它是森林可持续经营方案执行能否取得预期效果的重要保障。本研究中将森林可持续经营方案的监控机制进一步划分为方案内部管理和监督与方案外部监督和控制。

8.5.1 方案内部管理和监督

8.5.1.1 内部监督控制机制

森林可持续经营方案是森林经营的一项中长期计划，一个经理期一般是 10 年。而在这 10 年期间，国家、省、市有关林业发展的政策、森林经营的技术、森林资源状况等会发生一些变化，这将直接影响森林可持续经营方案的实施过程，使森林可持续经营方案的实施效果与原计划之间不可避免地存在一些偏差。如果这些偏差没有及时地进行纠正、修补，量的积累最终会产生质的飞跃，原来的经营方案就会由于不能适应新形势的变化而失去了其编制的意义。因此，集体林区非公有制林业的经营方案应该在其实施过程中，将实施效果与原计划进行比较，充分考虑社会经济发展、森林资源变化的要求，及时地对可持续经营方案中一些不理想的偏差进行适当的纠正和调整，使森林可持续经营方案在其经营期间能适应环境、政策的变化，充分地发挥其在森林经营中的指导作用(图 8-2)。从实际调研的情况来看，森林可持续经营方案修改的时间间隔最好为 5 年，5 年后就要作第一次修改。这样的话，一个经理期若为10年就可以在其间作1次调整修改。

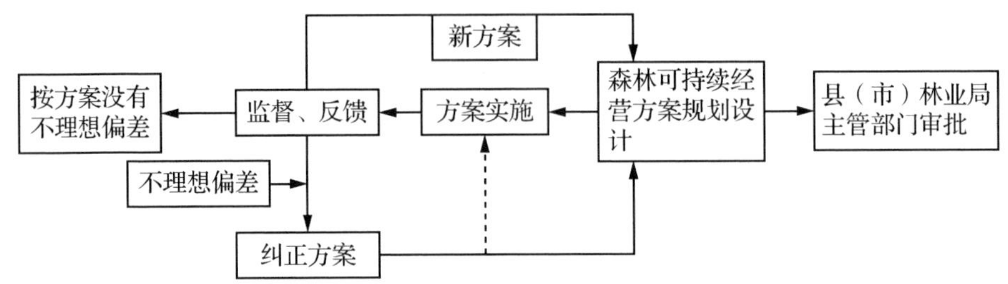

图8-2　森林可持续经营方案的内部监督控制流程

8.5.1.2　执行评估机制

森林可持续经营方案的执行主要包括“如何去执行”以及“执行效果如何”这两个方面的问题。为此，需要规范评估的过程，明确和重视评估结果。一是明确评估标准，划分评估等级。以南方集体林区森林可持续经营标准与指标体系为参照标准相应地建立一套具体、明确的森林可持续经营方案的评估标准。按照评估标准将森林可持续经营方案的执行情况划分为不及格、及格、良好以及优秀四个等级。二是建立专门的评估专家小组。各县(市)的林政资源管理处要负责建立对森林可持续经营方案执行情况进行评估的专家评估小组。专家评估小组的人员可以是审批委员会的原班人马，也可以重新选派或聘请。评估成员在上岗前要进行森林可持续经营方案的评估标准方面的培训。三是建立评估基金，从森林可持续经营方案基金中拨划出一部分资金用于建立森林可持续经营方案评估基金，用于有关评估工作的开支，以便从物质上保障森林可持续经营方案的评估不流于形式。四是建立和完善评估的信息系统。要建立覆盖全社会的、便捷的信息传播及反馈网络，通过网络及时地向社会发布森林可持续经营方案的执行情况和评估结果，接受社会广大群众的监督。五是重视评估结论，为森林经营者发放“方案经营森林卡”。为凡是参与森林可持续经营方案编制并进行了评估，评估等级为“合格”以上的森林经营者发放一张“方案经营森林卡”，卡上标有森林经营者的名字、身份证号码、参与编案的森林面积、坐落地址、小地名、林班、小班、评估等级。“方案经营森林卡”就是森林经营者参与了森林可持续经营方案编制，并且执行状态良好的凭证。评估的最终的目的是促进森林可持续经营方案的有效执行，为此，要采取相应的奖励或激励措施将管理人员、编制人员以及执行方案人员的利益与评估结论联系起来，使森林可持续经营方案评估在促进森林可持续经营方案执行和实施过程中充分发挥其应有的激励和监督作用。

8.5.1.3 林农参与机制

南方集体林区林农森林可持续经营方案的编制应改变传统的“自上而下”的编制模式，采用“自下而上”的编制模式，让林农参与方案的编制、实施以及监督的全过程，充分体现林农在森林可持续经营方案管理与监督的主体地位。同时，只有让林农参与到森林可持续经营方案编制与执行的各个环节中去，倾听林农的心声，才能使编制出来的森林可持续经营方案充分考虑林农的根本利益，也才能让林农发自内心地认同、自觉的执行森林可持续经营方案。为此，需从以下三个方面完善林农参与机制。

(1)林农参与方案的编制。森林可持续经营方案的编制是方案执行的基本前提，方案制定的科学与合理与否，直接关系到方案执行的成败与效果的优劣。林农是森林可持续经营方案的具体执行者，林农的参与编制，能使编制出来的森林可持续经营方案更具有现实操作性和可行性，在很大程度上避免了执行的盲目性和随意性。而林农参与森林可持续经营方案的编制主要体现为林农对森林可持续经营方案的内容设计有很大的影响力。林农可在编案人员的技术指导下决定造林树种、造林时间、苗木用量等内容。

(2)林农参与方案的监督检查。南方集体林区各基层林业站要推行年度采伐指标的公示制度，当年采伐户主、采伐方式以及采伐数量完全公布，让个别林农的采伐行为接受广大林农的监督检查。从而充分发挥一个行政村内部的激励约束效应，使得村内的所有林农相互监督，避免超伐行为的发生，从而大大降低了超伐的机率。林农除了监督检查采伐行为外，还应监督检查整个方案实施过程。为此，森林可持续经营方案督促小组成员中要有林农代表。

(3)林农参与方案的评估。林农参与森林可持续经营方案评估主要有两个目的，一是让林农熟悉森林可持续经营方案编制和执行的具体要求，提高林农执行森林可持续经营方案的能力。二是让森林可持续经营方案评估反映林农的意愿，接受林农的监督。为此，森林可持续经营方案评估专家小组成员中要有林农代表。

8.5.1.4 激励制度

为了保证森林可持续经营方案的高效执行，森林可持续经营方案的编制、实施以及监督各环节都应当建立相应的激励制度，通过全套激励制度的构建充分调动森林可持续经营方案编制、实施、监督以及管理人员的积极性。为此，一是把森林可持续经营方案的编制与执行情况纳入乡镇基层林业站工作绩效评价的一个重要指标。也就是说，一个乡镇森林可持续经营方案编制的数量以及它在执行评估中获得“优秀”等级的比率都将成为影响乡镇基层林业站工作评定的重要因子，这将引起基层林业站工作人员对方案编制与实施的重视。二是将森林可持续经营方案评估的等级与森林可持续经营方案基金的分配数量相联系。被评为“优秀”的森林可持续经营方案可以分配到全额的“方案基金”，等级为“良好”的森林可持续经营方案能分配到“方案基金”的80%。等级为及格的森林可持续经营方案只能分配到“方案基金”的50%，而等级为“不合格”的森林可持续经营方案不能分配到“方案基金”，只有对其进行修改、补充，达到“合格”等级后才能获得50%的“方案基金”，这种将森林可持续经营方案的执行程度与资金直接挂钩的形式，能充分调动林农按方案认真执行的积极性。

8.5.2 方案外部监督和控制

8.5.2.1 法律的制定与完善

在法律制度上规定达到一定规模的森林必须编制森林可持续经营方案，按照森林可持续经营方案组织森林经营活动。组织制定《森林经营条例》，进一步明确和规范森林可持续经营方案的具体要求，组织实施及法律责任等。将集体林区非公有林可持续经营方案编制与执行的关键环节包括审批、检查监督、评估等环节的重要方面用法律法规的形式确定下来。具体包括：一是明确集体林区非公有林可持续经营方案的审批过程是一个森林经营权的确认和赋予过程，并规范森林可持续经营方案审批的单位。二是规范集体林区非公有林可持续经营方案编制的内容。三是明确林农在集体林区非公有林可持续经营方案编制和执行过程中的主导地位，规范林农参与森林可持续经营方案的编制、监督检查、审批及评估的过程。四是规范评估的程序，明确建立评估基金，办理“方案经营森林卡”。五是明确达到一定规模却没有进行森林可持续经营方案编制的森林经营者应承担的法律责任。

8.5.2.2 政府的支持

林农森林可持续经营方案的编制与执行工作刚刚起步，需要政府的大力支持。政府通过提供财政支持、人才扶持、税收优惠以及金融等手段能为林农森林可持续经营方案的高效执行提供良好的运行环境，在一个大的社会环境中监督和控制林农可持续经营方案的有效实施和执行。

为此，一是财政部门建立森林可持续经营方案的专项基金，专门用于保障森林可持续经营方案编制与执行工作的顺利开展。二是政府通过减免税收等优惠政策支持林农森林可持续经营方案的编制与执行工作。对利用森林可持续经营方案培育出来的林木在税费方面应该给予一定的优惠或减免等。对于林产品加工企业，若它的原材料来源于森林可持续经营方案培育出来的林木，在税收方面应适当给予减少。三是让“方案经营森林卡”成为林农林权抵押贷款的凭证之一。对拥有“方案经营森林卡”的林农尤其是评估等级为“优秀”的林农进行林权抵押贷款时，金融机构应该优先考虑。政府在为林业企业与林户之间的“订单林业”牵线搭桥时，优先考虑持有“方案经营森林卡”的林农。四是政府为拥有“方案经营森林卡”的林农免费提供营林信息和培训方面的服务。

8.5.2.3 广大消费者的偏好

森林认证是一种运用市场机制来促进森林可持续经营的工具，它要求森林经营单位采用严格的标准与指标，通过各种方式经营和维护，使森林长期处于“健康”状态。“编制了森林可持续经营方案并严格按照其执行”是获得了 FSC 森林认证的森林经营单位的一个必要和基础性的工作。因此，提高广大消费者对森林认证的认知程度，培养他们对森林认证产品的消费偏爱，能为森林可持续经营方案编制与有效执行提供最为广泛的群众监督机制。为此，一是充分利用现代传播媒介以及网络信息系统如电视、广播、网络等对绿色产品进行大力宣传，解除消费者对绿色消费的种种疑虑，在全社会逐渐树立起绿色消费的意识。二是在社会公民的道德素质教育中添加有关绿色消费教育方面的内容，提高绿色消费理念的地位，使其成为社会公民道德素质中的一项重要内容(田明华，2005)。

第 9 章

森林可持续经营管理的组织保障机制

引导林农在自愿互利的基础上进行联户经营，组建高效运行的森林经营合作组织是解决小规模家庭林户经营森林与森林可持续经营管理要求规模经营这一矛盾的有效手段。同时，规范、正式的森林经营合作组织又能为林农提供有效的营林生产技术的培训，增强林农实现森林可持续经营目标的能力以及为林农的营林生产提供资金支持。然而，当前森林经营合作组织存在着数量少、规模小，内部运行机制不规范，服务和协调能力薄弱等问题，直接导致现有的林业合作组织对林农森林可持续经营管理的贡献度不大。

9.1 发展森林经营合作组织应遵循的原则

大力发展森林经营专业合作组织要遵循三大原则：一是坚持以产权明晰为基础；二是坚持自愿互利的原则；三是因地制宜，循序渐进的原则。

9.1.1 坚持以产权明晰为基础

从经济学的角度来看，有效率的森林经营合作组织建立的前提条件是合作的林农应当是产权明晰的独立的经济人。只有这样，参与合作的林农才会是一个愿意充分发挥自己最大潜力，尽力争取自己最大的经济效益的经济人，形成一个以自我为中心，以该林农所能追求的最大的经济利益为半径的经济利益圆周，圆周上各点的曲度相同，符合经济最优化的原则。追求经济最优化的会员组成的森林经营合作组织是有效率的森林经营合作组织建立的坚实基础。从我国合作组织发展的历史来看，1958 年我国历史上曾掀起人民公社化运动，这一合作组织在我国持续了近 20 年，期间，经历了几次修改和调整，最后还是以失败结束。关键原因在于人民公社建立的经济基础是集体所有制，参与合作的农户的产权是不明晰的，农户不是独立的经济人，普遍存在“搭便车”的心理，林农的经济活动无法形成经济最优化的圆周，建立在这种基础上的合作是缺乏效率的合作。鉴于清晰的产权界定对林业合作组织的至关重要性，各类林业合作组织的发展创新，首先必须进行产权制度改革，尤其是要确保收益权、转让权明晰到位和有效实施。

9.1.2 坚持“自愿互利”的原则

从合作组织的本质来看，合作组织是民间组织，不属于国家机构。因此，会员入会应当遵循自愿的原则，而不能采取强制措施。从日本以及世界其他林业发达国家的实际情况来看，这些国家林业合作组织的建设都相当成功，他们在林业合作组织建设方面有许多共同点，其中一点就是他们都充分尊重农民的意愿，允许会员自由地加入或退出林业合作组织。而我国历史上“人民公社化运动”的失败进一步验证了“自愿互利”原则的重要性。同时，从目前对林农参与林业合作组织的意愿统计来看，林农对股份合作林场、“三防”专业协会或林业理事会、家庭联户经营以及林业专业协会的偏好差异明显，趋向于“三防”专业协会和家庭联户经营。因此，现阶段在推进林业的规模化，发展森林经营合作组织的过程中，要将“自愿互利”作为森林经营合作组织建设的基本原则，不可采取统一模式，充分考虑广大林农对各种合作组织的接受程度，允许会员自由地加入或退出合作组织，给予他们重复博弈的机会，使他们从多次博弈中即反复的退出和加入的尝试中真正的体验出进行森林经营合作的必要性和重要性，从而自觉地遵守和执行森林经营合作组织的协议，政府只需在此过程中运用相应的经济和政策措施加以引导。

9.1.3 因地制宜，循序渐进的原则

南方集体林区的各个省，每个省各个地区的林情、林农的素质、当地的社会经济状况差异很大；加上经济人的有限理性，森林经营合作组织虽已显示其强大的生命力，但是它作为一种新兴的制度需要一个反复博弈的过程。因此，森林经营合作组织的建设要从具体的实际情况出发，因地制宜，遵循循序渐进的原则。具体表现为：一是森林经营合作的范围、程度、模式以及组织形式等都要结合林农对合作组织的认识程度、林农的自身素质以及当地的森林经营状况而定；二是森林经营合作组织的发展速度、发展规模以及发展水平都要与当地森林经营的需求现状，合作组织的管理者能力、资金筹集状况以及当地的社会生产力水平相适应；三是引导森林经营合作组织发展层次的逐步提升。包括森林经营合作领域在横向上逐渐覆盖森林采伐更新、森林抚育、森林病虫害防治、森林防火、森林再造等森林经营的整个生产过程。在纵向上逐步由统一护林、代买化肥、统一订货等低水平、低成本的纯粹互助形式的合作向非木质产品加工、销售等相连的产业

延伸，从而使林农参与加工、流通等领域的利润分配。

9.2 构建和完善森林经营合作组织体系

根据南方集体林区森林经营的实际，对森林经营合作组织的现实需求以及国外森林经营专业合作组织的成功经验，需要建立完善森林经营合作组织体系，即纵横交错、功能齐全的多层次组织结构，从而为林农控制和管理森林资源提供组织保障，有利于林农实现森林可持续经营目标。

9.2.1 横向组织结构

9.2.1.1 横向组织类型

横向组织结构是指林农为了解决森林经营活动具体包括森林采伐和更新、森林抚育、森林病虫害防治、森林防火、森林再造以及非木质林产品利用活动所面临的共同问题和困难，在自愿互利的基础上所形成的各种不同的专业合作组织和协会。主要包括以下三类：①直接围绕森林经营某一生产环节或某一非木质林产品，一部分林农在自愿的基础上形成的一种自发的协会组织。如：森林“三防”协会、森林造林、抚育及采伐协会、柑橘栽培协会等。②围绕某一非木质林产品产前、产后服务的各种协会组织。如：竹笋贩销协会、猕猴桃加工协会等。有利于克服一家一户小生产的盲目性，促进小生产和大市场的衔接。③直接围绕森林经营整个生产过程，一部分林农在自愿互利的基础上形成的专业合作组织。如家庭式森林联合经营林场、股份合作制林场。

9.2.1.2 横向组织生成模式

从调研的实际情况以及文献资料的查阅分析来看，目前运行状态良好，有发展潜力的横向组织的生成模式主要有农村能人大户带头模式、政府扶持推动模式、林业龙头企业牵引模式以及林业专业协会模式。

(1)农村能人大户带头模式。这种模式是“能人大户＋林户”，是一种内生型成立机制，农村能人大户是主要的发起者和创办人。所谓农村能人大户是指在农村中既有较强的经营、组织和协调能力又有合作和奉献精神，已经进行大规模经营的农户的概括性称呼。一般是指乡村干部、营林技术能手和专业大户。专业大户根据其所从事的产业链条环节分为造林大户、林产品加工大户、储运大户和营销大户。

①特点及其产生。这种模式主要是由农村能人大户利用他们长期积累所得的组织资源、营林技术、生产加工技术或销售渠道牵头兴办，联合其他经营森林的林农而自发建立林业专业合作经济组织。从理论上看，理想的林业合作经济组织

应该是林农在森林资源产权明晰的前提下，按章程进行林业生产经营活动的合作经济组织，是弱势群体的自发的联合。但是，大量的调查研究表明，目前运行良好的林业合作经济组织里面都存在一定比例的“能人”。如孔祥智(2008)通过对福建省林业合作经济组织的实地调查发现，自发成立并且运行效果很好的林业合作经济组织基本上是处于优势地位的能人大户。而真正弱势群体小农户则很少自发成立林业合作经济组织，并且运行效果很差。这种现象可以用集体行动的逻辑来解释，在有农村能人大户存在的合作组织，由于能人大户的存在，使众多分散的成员之间的协调变得无关紧要，合作组织演变为由少数几个骨干成员组成的小集团，协调成本大大降低，少数几个能人大户提供某项公共产品的收益大于成本，从而有利于集体行动的实现。

②优缺点及适用。这种模式的优势一是降低了组织成本，在实际调研中发现，作为林业合作经济组织负责人的农村能人通常兼有多种身份。可能既是营林技术能手或专业大户，又是乡村干部，甚至兼备几种身份。多重身份的存在一定程度上克服了单一身份能人创办林业合作组织时出现的组织成本过高的问题，为林业合作经济组织的创建和发展提供了一些便利和优惠。二是农村的能人大户一般在农村都具有一定的威望，能凭借能人的个人威信和凝聚力来维系林业合作组织各成员的关系，是林农乐于接受的一种方式。这种模式缺陷在于一是对能人的素质要求较高，能人的素质直接影响林业合作组织的稳定性和作用的发挥。三是合作组织运行过程中监督难度较大，容易演变成为能人大户自己经营的企业。此种模式需要有能人和经营大户做主导，是林农比较容易接受的一种生成方式，比较适合于林产品商品率较高的地区。

③模式的发展。这种模式构建的基本前提和必要条件是具备较强的管理能力和一定奉献精神的能人。而从调研的实际情况来看，农村中这种能人是十分短缺的。尤其是近年来非农产业较高利润的拉动，具有一定号召力和凝聚力人力资源的外流，更是加剧了这种短缺，具有较高素质的农村能人成为一种稀缺资源。因此，要加快这类林业合作经济组织的发展，应当重视在农村基层中挖掘和培养既懂经营管理又懂合作知识并且具有奉献精神的农村能人，并且创造条件让森林培育能手、专业大户加入林业专业合作组织，放大“能人”效应，促进林业专业合作组织的健康发展。

(2)政府扶持推动模式。这种模式是指政府部门为了发展地方经济，促进林业发展，更好地管理森林经营活动，充分利用其在资金、经济、技术以及市场等方面的优势，借助行政力量推动，吸纳广大林户参加，自上而下成立的林业合作经济组织。

①特点及其产生。这种模式的典型特征是“官民结合”和“官民合办”，一般

来讲，行政官员在理事会占据相当比例，行政色彩较浓。林业产业的弱质性和林业生产的特殊性决定林业合作组织需要政府的扶持和帮助。加上林农总体文化素质低下，高素质的管理人才奇缺，直接导致市场环境下，林业合作经济组织的制度安排处在市场机制失灵的边缘，对政府的扶持具有较强的依赖性。政府的扶持和推动行为对林业合作组织的数量、规模以及发展方向有很大的影响力。因此，当前以及今后的一段时期内，政府对林业合作组织的干预必然存在，干预的尺度和力度在于正确的角色定位和职能定位。

②优缺点及适用。这种政府扶持推动模式能促进林业合作组织的快速的发展，能较好地解决林农缺乏高素质管理人才、缺少管理经验、组建合作组织的成本较高的问题。但是，这种模式具有较浓的行政色彩，降低了组织的民主性和自主性，组织成员难以实现自我管理和自我经营。这种模式能加快林业合作组织的发展，在短期内急剧增加林业合作组织的数量，比较适合林业经济比较落后的地区。

(3)林业龙头企业牵引模式。这种模式是指经济实力较为雄厚的林产品加工企业引导林户创建或直接参与林业专业合作经济组织，形成“林业龙头企业 + 林业合作经济组织 + 林户”的林业产业化经营模式。

①特点。林业龙头企业主要是指经济实力较雄厚的林产品加工流通企业，它们在林业行业中具有较强的影响力和带动力，因此称为“龙头企业”。其中，林农主管森林培育，林业合作经济组织的主要职责是协调林业龙头企业和林农之间的关系，为两者提供相关的服务，而林业龙头企业主要注重产品加工与市场营销。

②优缺点及适用。这种“林业龙头企业 + 林业合作经济组织 + 林户”的林业龙头企业牵引模式能将林业企业所拥有的资金、技术、管理优势与林农拥有的育林、地域优势进行整合，实现了林业生产要素的最佳组合。一些林产品生产原料需求量大、资金比较富裕的林业加工企业需要依靠林业合作经济组织联系林农开展“合作造林”，林业合作经济组织保证了林业龙头企业需要的原材料供应。对于林农，林业合作经济组织能提高他们和林业企业谈判的地位，使林农参与分享林产品加工和销售环节的利润。林业龙头企业牵引模式的缺陷在于它所联系和沟通的双方存在着尖锐的矛盾，即林业企业追求高利润而林农需要分享更多的收益。

林业龙头企业牵引模式能带动林户的数量较多，但是组织成员参与管理的程度较低，这种模式比较适合林业经济比较发达的地区，在当地具备一定的林业产业，有了一定数量和规模的林产品加工企业的地区。

(4) 林业专业协会模式。林业专业协会的通常模式是“协会 + 林农”，其宗旨是为组织会员的营林生产提供各项服务。

①特点及其产生。一般而言，林业专业协会通常认为是比较松散、不稳定的合作组织，成员来去自由。它是按照“民办、民管和民受益”的原则组建，协会会员一般也缴纳一定的会费，通常是非营利性的组织。林权制度改革后，由于缺乏有序的组织，林农在营林生产过程中出现了各种问题，譬如森林防火、病虫害防治、防治盗砍滥伐等方面管护成本过高，管护效果不明显等。林农为了解决上述诸多问题，在自愿的基础上进行组织协调，成立了为营林生产提供各类服务的专业协会。

②优缺点及适用。林业专业协会的优势在于内部管理成本较低，合作收益比较稳定，大多数协会都是以林农为主体，群众自主参与的自治性组织，能充分发挥村民的积极性。缺陷在于林业专业协会通常是一种松散，不稳定的合作组织。这种模式适应于合作关系相对简单，凸显商品契约优势的一系列为林农提供非盈利性服务的组织。

9.2.2 纵向组织结构

9.2.2.1 协会的组织体系和组织机构

我国森林经营协会在横向组织结构发展的基础上，确立“全国森林经营协会→省级森林经营协会→县级森林经营协会→村级森林经营协会→会员(林农)”为核心的5级组织体系。以森林防火协会为例，全国形成了4级森林防火协会组织，从下自上依次为××村森林防火协会→××县森林防火协会→××省森林防火协会→全国森林防火协会。上下级组织体系之间一是存在着指导与服务关系，这是主导关系。上级组织体系主要是为下级组织体系提供相关的指导与服务。指导内容具体包括技术以及管理方面的指导，服务主要是指信息、资金等方面的服务。二是存在着权利管辖关系。上级组织体系管辖和监督下级组织体系。同时，各级组织体系之间要建立资源共享平台，包括技术人才资源、信息资源等平台。

森林经营协会的内部机关主要有：①森林经营协会会员代表大会。这是森林经营协会的最高权力机关，森林经营协会会员代表是由协会内部的成员和来自下级协会的成员代表组成。②理事会。理事会由森林经营协会会员代表大会选举产生，理事会中还设置会长、专职理事、非专职理事和监事。③主席团。主席团是由协会主席、副主席和秘书长组成，主要经营协会的日常管理工作。④监事会。

9.2.2.2 各级协会的具体职责

森林经营中的“三防”主要是指森林防火、防盗伐、防病虫害等。村级森林经营“三防”协会的主要职责是制定森林“三防”的规章制度及年度工作计划；为会员提供护林防火、联防联治森林病虫害、防治乱砍滥伐等服务；组织会员参加上级协会“三防”知识培训，负责并管理村级林业“三防”应急队，负责组建并管理村级森林资源管护队、森林消护队、森林病虫害防治应急队，负责协会会费的收取、管理和使用，定期公布协会财务收支情况。县级森林经营三防协会的主要职责是开展专业的森林“三防”知识培训，尤其是森林防火、本区域各类森林病虫害防治方面的培训；建立县级森林“三防”资源共享平台，包括森林“三防”技术人才资源、有关森林“三防”信息资源平台；负责组建并管理县级森林“三防”应急队。省级森林经营“三防”协会的主要职责是对县市级森林“三防”协会的会员开展森林“三防”技术方面的培训；建立省级森林“三防”资源的共享平台；开展对省内森林“三防”协会开展工作的评估和奖励；帮助省内森林“三防”协会解决筹融资等方面的问题。全国森林经营“三防”协会主要职责是代表成员的利益，改善森林“三防”的社会环境。对省级森林“三防”协会的会员开展森林“三防”技术方面的培训；建立国家级森林“三防”资源资源共享平台；开展对国内森林“三防”协会开展工作的评估和奖励；帮助国内森林“三防”协会解决筹融资等方面的问题。

村级造林、抚育以及采伐协会的主要服务项目是为会员提供造林、森林抚育以及采伐等方面的技术和市场信息的服务；为林农森林经营方案的编制与实施提供相关方面的服务；负责组建并管理村级森林造林、抚育队、森林间伐及主伐队，负责协会会费的收取、管理和使用，定期公布协会财务收支情况。县级造林、抚育以及采伐协会的主要服务项目是开展造林、森林抚育以及森林采伐、森林经营方案编制与实施等方面知识培训；建立县级森林造林及育林资源共享平台，包括森林造林、育林、采伐人才资源、有关森林培育以及市场销售等方面信息资源平台；负责组建并管理县级森林造林、抚育以及采伐应急队。省级森林造林、抚育以及采伐协会的主要职责是对县级协会会员开展造林、森林抚育以及采伐、森林经营方案编制与实施等方面知识的培训；建立省级森林造林、抚育以及采伐资源共享平台；开展对省内森林造林、抚育以及采伐协会开展工作的评估和奖励；帮助省内协会解决筹融资等方面的问题。全国森林造林、抚育以及采伐协会主要职责是代表成员的利益，改善森林造林、抚育以及采伐的市场环境。对省级协会的会员开展造林、抚育以及采伐技术，森林经营方案编制与实施技术的培训；建立国家级造林、抚育以及采伐资源共享平台；开展对国内造林、抚育以及采伐协会开展工作的评估和奖励，帮助国内同类协会解决筹融资等方面的问题。

村级各类非木质林产品栽培、加工以及销售协会的主要职责是为会员提供林产品栽培技术、林产品加工技术；为会员提供林用生产资料的购进以及市场销售信息；帮助会员销售非木质林产品；负责协会会费的收取、管理和使用，定期公布协会财务收支情况。县级各类非木质林产品栽培、加工以及销售协会的主要职责是为村级协会会员开展各类非木质林产品栽培、加工等方面知识的培训；建立县级非木质林产品资源共享平台；为内部会员和村级会员提供各类非木质林产品产销信息和行业发展动态；组织非木质林产品的产销衔接；帮助会员筹集非木质林产品生产及加工资金等。省级各类非木质林产品栽培、加工以及销售协会的主要职责是对县级协会开展非木质林产品栽培、加工技术方面的培训；通过对非木质林产品市场信息的收集、整理和分析，为会员提供行业发展动态、产销信息以及质量技术标准等；创办非木质林产品产业网站；建立省级非木质林产品资源共享平台；组织会员非木质林产品的产销衔接；帮助会员筹集非木质林产品生产及加工资金等。全国各类非木质林产品栽培、加工以及销售协会的主要职责是改善非木质林产品的市场、社会环境；开展各类非木质林产品的国内外市场调查以及法律与政策咨询服务；开展非木质林产品间的国际、国内交流与合作；创办非木质林产品行业刊物与网站；帮助国内同类协会解决筹融资等方面的问题。

9.3 健全森林经营合作组织的内部运行机制

合作组织内部如何运作是森林经营合作组织能否持续发展的关键所在，森林经营合作组织在自身建设过程应当形成自主管理、自我发展和自我完善的内部运行机制，保证森林经营合作组织规范运行，促使其健康发展。

9.3.1 健全组织的内部管理机制

建立和健全森林经营合作组织内部管理机制需要从规范运作管理入手，建立健全包括章程、机构设置等在内的内部管理体制和机制。

9.3.1.1 编制《森林经营合作组织示范章程》

南方集体林区各省要结合本省森林经营的具体实际情况编制《森林经营合作组织示范章程》，用《章程》来规范森林经营合作组织的行为。《森林经济合作组织示范章程》至少要有六章的内容，即总则、成员、组织机构、财务管理、合并、分立、解散和清算和附则。在《森林经营合作组织示范章程》中至少要明确：①章程制定的依据、宗旨；②森林经营合作组织成员的权利和义务；③森林经营合作组织成员大会选举和表决的程序、方式；④终止森林经营合作组织会员资格的情形；⑤会员退出森林经营合作组织的程序和手续；⑥成员大会的性质及职权；⑦森林经营合作组织经理的职权；⑧森林经营合作组织的资金来源；⑨森林经营合作组织的理事长、理事和管理人员的行为限制；⑩森林经营合作组织解散的情形。

9.3.1.2 建立健全内部管理机构

森林经营合作组织应建立和健全成员大会、理事会、监事会(执行监事)以及成员代表大会。执行监事是指由于森林经营合作组织的规模较小，没设监事会，只有一名监事的情形。

(1)成员大会是合作组织的最高权力机构，由全体成员组成，行使下列职权：①审议、修改合作组织章程和各项规章制度；②选举和罢免理事长、理事、执行监事或者监事会成员；③决定成员入会、退会、继承、除名、奖励、处分等事项；④决定成员出资标准及增加或者减少出资；⑤审议合作组织的发展规划和年度业务经营计划；⑥审议批准年度财务预算和决算方案；⑦审议批准年度盈余分配方案和亏损处理方案；⑧审议批准理事会、执行监事或者监事会提交的年度业务报告；⑨决定重大财产处置、对外投资、对外担保和生产经营活动中的其他重大事项；⑩对合并、分立、解散、清算和对外联合等作出决议；⑪聘用经营管理人员和专业技术人员的数量、资格、报酬和任期，理事长或者理事会关于成员变动情况的报告；⑫撤销分支机构；⑬其他重大事项。

(2)监事会的职权包括：①监督理事会对成员大会决议和合作组织章程的执行情况；②监督检查森林经营合作组织的生产经营业务情况，负责合作组织财务审核监察工作；③监督理事长或者理事会会员和经理履行职责情况；④向成员大会提出年度监察报告；⑤向理事长或者理事会提出工作质询和改进工作的建议；⑥提议召开临时成员大会；⑦代表本合作组织负责记录理事与合作组织发生业务交易时的业务交易量(额)情况；⑧履行成员大会授予的其他职责。

(3)理事会行使下列职权：①组织召开成员大会并报告工作，执行成员大会决议；②制订本社发展规划、年度业务经营计划、内部管理规章制度等，提交成员大会审议；③制定年度财务预决算、盈余分配和亏损弥补等方案，提交成员大会审议；④组织开展成员培训和各种协作活动；⑤管理合作组织的资产和财务，保障本社的财产安全；⑥接受、答复、处理执行监事或者监事会提出的有关质询和建议；⑦决定成员入会、退会、继承、除名、奖励、处分等事项；⑧决定聘任或者解聘本社经理、财务会计人员和其他专业技术人员；⑨履行成员大会授予的其他职权。

9.3.2 健全组织的内部决策机制

森林经营合作组织的本质是弱小经济实体的结合，以期在市场竞争中更好地开展自我服务，其宗旨是维护和提高成员的收益，充分实现“民办、民管、民收益”。而“民管”主要体现在森林经营合作组织的决策机制上。我国《合作社法》在第二十二条规定，“农民专业合作社成员大会由全体成员组成，是本社的权力机构”，组织的领导人选举、重大经营决策、盈余分配、组织的合并、解散等事宜，都需通过成员(代表)大会进行讨论、表决。在表决方式上，该法第十七条规定：“农民专业合作社成员大会选举和表决，实行一人一票制，成员各享有一票的基本表决权。”考虑到在我国农村资金是最缺乏的生产要素的现实，在第二款对出资较大或在其他方面对合作组织贡献较大的社员的权利给予了一定程度的保障，即：“出资额或者与本社交易(额)较大的成员按照章程规定，可以享有附加表决权。本社的附加表决权总票数，不得超过本社成员基本表决权总票数的20%。享有附加表决权的成员及其享有的附加表决权数，应当在每次成员大会召开时告知出席会议的会员。”“农民专业合作社召开成员大会，出席人数应当达到成员总数的2/3以上。成员大会选举或者作出决议，应当由本社成员表决权总数过半通过。作出修改章程或者合并、分立、解散的决议应当由本社成员表决权总数的三分之二以上通过。”为防止“一股独大”，《浙江省农民专业合作社条例》第十三条就规定：“单个或者社员联合认购的股金最多不得超过股金总额的百分之二十。”只有从产权关系上确定组织成员的主体地位，才能实现农民专业合作经济组织为农民服务，维护农民利益的基本目标。

9.3.3 明晰组织的内部利益分配机制

森林经营合作组织的利益分配机制是森林经营合作组织谋求社员利益最大化宗旨的体现。按照经典的合作社理论，合作组织的利益分配机制主要是为会员提供的服务和盈余按交易额返还。建立健全内部积累和利益分配机制。有条件的森林经营专业合作组织要努力实行二次返利。正确处理森林经营专业合作组织与其成员之间的利益关系，使森林经营专业合作组织和会员之间结成利益共同体，风险共担、利益共享、相互促进、共同发展，坚持按劳分配，多劳多得，同时不排除按股分配以及其他分配形式，理顺各种分配关系。

第 10 章

森林可持续经营管理人力资源的开发及引进机制

南方集体林区林权制度改革后，随着森林经营主体的改变，林业各部门包括林业规划设计队以及基层林业站等管理和服务的对象和内容都发生了改变，相应地，随着管理对象以及内容的改变，对管理人员又提出了新的挑战。与此同时，作为森林经营者的林农和林业合作组织的会员也急需提高质量以满足森林可持续经营对经营主体提出的新要求。在目前这种森林可持续经营管理各层次人力资源的数量和质量都有待提高的情况下，人力资源的开发及引进尤为重要。本研究构建了森林可持续经营管理人力资源培训机制，以期通过对各层次森林可持续经营管理人员的培训，提高他们的业务能力和思想素质。针对森林可持续经营管理技术人员特别是中、高级职称的技术人员数量短缺的问题，本研究设计了森林可持续经营管理高级技术人员柔性引进机制。同时，为了保障森林可持续经营管理人力资源的连续性，培养后备人才，本研究还设计了森林可持续经营管理后备人才培养机制。

10.1 森林可持续经营管理人力资源的基本构成

森林可持续经营管理的核心是森林可持续经营方案，因此，森林可持续经营管理的人力资源可以理解为管理、编制以及实施森林可持续经营方案的具有智力和体力劳动能力的人的总称。管理森林可持续经营方案的人群主要是林业局中负责森林资源管理的人员。编制森林可持续经营方案的人群即技术类人员队伍，主要是林业规划设计队、基层林业站以及森林经营合作组织中的技术人员。实施森林可持续经营方案的主要人群即实施人员队伍是广大林农。因此，森林可持续经营管理的人力资源具体是指林业主管部门人员、林业调查规划设计队的技术员、基层林业站的人员、森林经营合作组织的会员以及广大林农。具体构成如图 10-1。

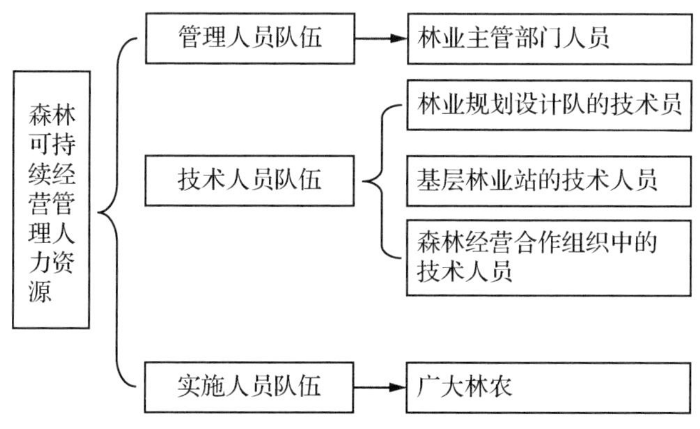

图 10-1　森林可持续经营管理人力资源基本结构图

10.2　构建森林可持续经营管理人力资源培训机制

培训与正规教育相比具有周期短、投资小、收益大的特点，它着重提高某一方面的具体技能，对于在职人员而言，短期有针对性的技能培训能使受培训人员在较短时间掌握新的技能，适应工作提出的新要求，提高工作满意度，降低成本，是人力资本投资的重要内容，也是人力资源开发的基本途径。

10.2.1　构建分级分类培训机制

鉴于当前南方林区林农户数较多、各层次森林经营管理人员的基本业务素质要求不一致的现实，实行分级分类培训，整个森林经营管理培训分四级，即省级、市(州)级、县(市)级、乡镇级。先有省林业主管部门组织培训州、市级森林经营管理人员和高级班林业调查规划设计队伍的培训。具体由各省林业厅根据本省林业的实际情况编写符合本省森林经营实际的培训教材，招聘培训教师。市(州)级林业主管部门负责县(市)林业站管理人员、乡(镇)林业站站长、中级班林业调查规划设计队伍以及规模较大的林业合作组织的负责人的系统培训；然后以县为单位组织本地乡镇林业站的站员、森林经营面积大户、森林面积较大的村领导、初级班林业调查规划设计队伍、林业合作组织的专业技术人员进行相关培训。最后以乡镇林业站为基础支撑点，开展林农和林业合作组织会员的培训制度。同时，在不同级别的培训中根据不同层次人员的需求意愿、知识基础和基本素质进行分类培养。

从基层林业站人员培训来看，分为站长和一般技术人员两类人群的培训。对于站长而言，为了使各基层林业站的站长成为林改后能推动森林可持续经营管理的基层行政管理人员，按照《区、乡(镇)林业工作站站长岗位规范》和国家林业局林业工作站管理总站的相关工作要求，结合南方集体林区森林经营的实际，主要培训内容包括：林业法律法规、林业站建设与管理、森林资源管理、生态公益林管理、林地征占用管理、林业行政执法、野生动植物保护、森林病虫害防治、林业产权制度改革及配套改革相关政策、森林可持续经营、森林经营方案编制与实施纲要(试行)、各省的森林资源规划设计调查和森林经营方案编制的技术规定、森林资源林政管理警示教育等。

对于基层林业站一般专业技术人员的培训主要包括林木栽培技术、林业法律法规、森林资源管理、计算机应用、森林资源林政管理警示教育、森林可持续经营、森林经营方案编制的有关文件和林业发展规划、森林经营方案编制的有关技术规程、森林资源调查统计和森林经营方案编制中微机软件和地理信息系统的应用技术、当地林业有害生物发生动态和防治措施、森林防火、抚育管理、各种非木质林产品实用技术专题培训、先进成熟的科技成果与林业实用技术的培训、职业教育培训。

从森林经营合作组织的人员培训来看，分为森林经营合作组织负责人、技术人员及普通成员的培训。

森林经营合作组织负责人的培训主要是侧重于领导和管理能力的培养，培训的主要内容是：①《合作社法》有关的内容；②合作经济基本知识；③经济管理方面的内容；④法律道德教育；⑤合作精神教育；⑥森林可持续经营方面的内容；⑦森林经营方案编制的有关文件和林业发展规划。

森林经营合作组织技术人员培训的主要内容是：①合作经济基本知识；②森林可持续经营方面的内容；③森林培育的各种先进技术，包括种植技术、抚育间伐技术、森林病虫害防止技术、森林采伐技术等；④森林经营方案编制的有关技术规程；⑤森林资源调查统计和森林经营方案编制中微机软件和地理信息系统的应用技术；⑥森林可持续经营方面的内容；⑦森林经营方案编制的有关文件和林业发展规划。

森林经营合作组织普通成员培训的主要内容是：①《合作社法》有关的内容；②合作经济基本知识；③森林培育的各种先进技术，包括种植技术、抚育间伐技术、森林病虫害防止技术、森林采伐技术等；④法律道德教育；⑤合作精神教育；⑥森林可持续经营方面的内容；⑦森林经营方案编制的有关文件和林业发展规划。

从林农培训来看，对于年龄在40岁以上，尚未初中毕业的人员只进行简单的营林、森林管护、防火防病虫害的基本工作技能培训；对年龄在40岁以下，具有初中毕业学历的人员，除上述基本工作技能外，还要进行森林经营管理技术、经营制度、森林资源管理、森林合作组织管理协调等管理内容培训，然后在这批人员中选择具有培养潜力、愿意扎根基层的人员作为技术骨干培养。

10.2.2 建立人才示范带动机制

示范带动机制是实行高层次林业技术人员定期到基层指导具体森林经营实践活动，开展森林经营管理的示范基地培训，增强林业科技人才示范辐射能力的人才培养机制。具体措施是组织林业职业院校、高等林业院校、林业勘察设计院中具有丰富理论和实践经验的技术人员在森林经营的不同时期选择典型地区进行现场指导。比如在春季营林时期，派出技术人员，选择1~2个村现场开展对南方常见苗木的种植过程指导，从苗木出圃、翻土、植苗、培土等全过程进行指导，并对整个过程中容易出现的问题以及解决方法进行讲解，提高营林质量。在整个现场示范过程中，要求周边乡镇、村的技术骨干参加，以指导本地森林经营活动。同时，也可以在选择典型区域针对森林经营的典型阶段建立示范基地，以扩大影响范围。这种培训机制把课堂教学与基地实践有机结合起来，增强了“学用”的实效性，还能减少人才培养的投入。

10.2.3 构建林学专业大学生林农培训机制

林农具有营林技术培训的强烈需求，而林学专业大学生具备技术培训的有效供给。在此基础上，设计了林学专业大学生林农培训机制，试图运用林学专业大学生人力资源免费为林农提供培训，使林农掌握实施森林可持续经营方案的基本林业技术。

10.2.3.1 培训程序

在林农培训制度运行过程中，林业主管部门和高等学校是主管单位，林业推广站是具体负责和服务单位。乡镇各基层林业推广站将需要开展林农培训的乡、村名单按其需要培训的轻重缓急进行排序限额上报，相应的各县(市)级林业推广站根据各基层报上来的名单再次排序限额上报，省级林业推广站根据各县(市)级林业推广站报上来的名单，全盘统筹规划后进行全省培训的排序，制定按序分批的培训名单。

林业主管部门与高等学校通过政产学研用平台开展合作，由高等学校将林农培训与学生的毕业证挂钩，林学专业大四学生第一学期参与林农培训，培训成绩计入实践实习总分，若这项分数不及格，则实践教学不合格，而实践教学不合格就推迟毕业证的获取。每年高等学校和林权制度改革地区的省林业厅联系，省林业厅将这些大学生按排序培训的名单分配下去，直接让当地的林业推广站负责大学生的林业培训工作。大学生先和林业推广站的人员了解当地林农的基本情况，和他们请教培训的一些经验后，就入乡进村进行为期1个月的培训。培训结束后由接受培训的林农、基层林业站、指导老师为学生的培训情况打分、签字，共同决定学生的培训成绩。

10.2.3.2 培训方式

林农培训制度的实践性和实用性要求林农培训的方式要从培训地的实际情况出发，充分考虑当地的社会、经济和文化发展现状，这就决定了林农培训方式具有较大的灵活性和伸缩性，具体表现为教学形式、教学场所和教学手段的多样性。就教学形式来看，主要可以分为集中教学和个别指导两种教学形式；教学场所因地制宜，按需而定，村委办公室、村里的小学教室、林场、山头、甚至林农家中的庭院、堂屋都可以成为林农培训的好场所。教学手段的采用要结合林农的实际，因人而异，具体可以采用集中讲解、现场指导、观摩示范、相互交流、讨论等诸多教学手段，有条件的地方还可以充分运用录像等多媒体教学手段。

10.2.3.3 培训内容

培训的内容主要是围绕森林经营生产过程的一系列营林生产技术，主要包括：一是如何更新造林，具体包括林地清理方式、整地方式、混交方式、混交林时种类选择，造林方式、种苗的选取、幼林抚育；二是如何进行森林保护，具体包括化肥农药的使用范围、种类以及限制和禁止的种类，整个森林培育过程中如何注意病虫害的防治、针对当地主要森林害虫害而采用的无公害防治的方法，主要包括物理防治、生物农药防治等、生物防火林带建设的技术规范；三是如何进行森林采伐，具体包括当地森林抚育间伐和采伐的技术规范、有利于森林可持续经营的集材方式的介绍、生态采伐的介绍；四是林农森林生态意识的培训，具体包括森林可持续经营思想的讲解，森林生态效益重要性的讲解。

10.3 中高级专业技术人才柔性引进机制

森林可持续经营管理急需大量的专业技术性人才，包括林业规划设计、检查验收各环节的专业技术人才，林木育苗、植树造林、森林管护等方面的实用型人才，技术推广、科技示范和技术培训方面的人才。因此，除了对现有各层次森林可持续经营管理人力资源进行培训，提高他们的技术水平外，还需要大量引进各方面的专业技术人才。考虑到现代林业建设各方面急需林业专业人才，而现实情况是人才特别是具有中高级专业技术职称的技术人员普遍短缺这一客观事实，在引进森林可持续经营方案编制与实施专业技术人才时采取以柔性引进为主的方式，凡急需的紧缺人才和高层次人才，不拘形式的为我所用。

林业中高级专业技术人才柔性引进具体可以采用以下几种“柔性流动”模式。

10.3.1 “租赁式”流动

一些从事森林经理理论研究或教学工作的人员可以到集体林区私人林场或林业合作组织或基层林业站中通过“专家”或“技术顾问”等形式对所研究的理论进行实际操作，进一步验证和完善理论的科学性。同时，对林业合作组织人员以及基层林业站人员就如何编制森林可持续经营方案进行理论指导，进一步将森林可持续经营的理念、新的技术应用到实际工作中去。

10.3.2 “援助式”流动

林业主管部门鼓励中、高级职称的专业技术人员定期轮换支援乡镇基层林业站的工作，同时，对这些支援基层林业站工作的中、高级专业技术人员在工资待遇、福利方面给予优惠待遇。这种“援助式”流动支持了乡镇基层林业站的工作，在一定程度上弥补了基层林业站缺乏中高级职称的技术人员的空白。

10.3.3 兼职招聘

乡镇基层林业站、林业合作组织通过定期往来、灵活工作期等“引才借智”的方式聘请林业规划设计队的人员或一些专业技术人员做兼职工作。兼职费用由林业主管部门、地方政府联合解决。

10.3.4 专业技术人员派遣

省林业厅从各单位抽调一批中高级职称的专业技术人员组成“林农森林可持续经营方案编制与实施专业技术人员增援队”。当某县林农森林可持续经营方案处于编制高峰期时，为了解决方案编制与实施的专业技术人员缺乏的问题。县林业局可以向省林业厅提出要求专业技术人员增援队支持的申请，通过签订合同等形式，专业技术人员增援队在一定时间内派出人才，任务完成后即解除契约，与用人单位无任何隶属关系。

10.3.5 基层实践锻炼

加大各级林业党政领导人才的实践培养力度，把轮岗、交流和到基层锻炼、乡镇基层林业站挂职作为领导干部培养的重要途径之一，要求县级以上的党政领导人必须有在基层林业站工作或挂职的经历。对在省级林业主管部门参加工作的林学专业毕业生，应安排到基层林业单位锻炼 1~2 年。

10.4 森林可持续经营管理后备人力资源培养机制

如前所述，林农营林知识欠缺、总体素质偏低，林业专业技术人员特别是中高级专业技术人员短缺。这两个问题直接影响森林可持续经营方案的执行效果，直接与林农的森林经营是否能够实现森林可持续经营的目标密切相关。而林农的森林经营实现森林可持续经营的目标是一个长期的过程。因此，除了对林农进行短期培训，对急缺的中高级专业技术人员进行柔性引进以外，还要从长远的角度来思考后备人力资源的培养问题。鉴于此，本研究设计了与农林生产相协调的义务教育培养机制、技术骨干培养机制以及后备人力资源培养动力保障机制。

10.4.1 构建与农林生产相协调的义务教育培养机制

本研究从实际调研发现当前从事林业生产的绝大多数林农的学历是初中，这与国家大力发展和推行“九年义务教育”密切相关，这些林农虽然接受了9年的正规教育，但是从中获得的营林技术几乎为零。因此，如何对农村九年义务教育进行改革，使其成为培训林农的第二课堂，是培养营林生产合格后备人才的最佳途径。

农村义务教育阶段现行课程体系中课程的安排需要具备一定的适用性，除了正常开设国家规定的课程以外，要有区别有重点的逐渐地开设森林培育、农业生产、非木质林产品的利用、养殖等具有生产和发展潜力，与农民的生活与生产密切相关的农林实用技术课程。同时，农林职业教育课程的加入要注意一个循序渐进的过程，初期激发学生学习职业技能的兴趣，培养学生的职业意识、基本劳动技能和态度，后期实施农业职业教育的专门学习。

农村中学与林业职业教育学院合作的思想基础：一是让广大农村特别是贫困地区的孩子能通过教育获得谋生的技能，并且能利用自己所学的知识合理地、可持续性地开发当地的农林资源，从而实现各种资源，包括森林、耕地、野生动植物资源的可持续经营；二是为职业技术学院输送具备一定职业技术知识的合格学生。合作的具体措施有：一是林业职业技术学院每年安排一定数量的优秀教师来农村中学承担农村中学的劳动技能课以及农林职业专业课程，从而保证农村中学渗透林业职业教育的师资力量；二是林业职业教育学院把合作的农村中学里升不上高中的初中毕业生录取到该校学习，并且毕业后负责为其推荐工作，为相关部门输送农林技术人才；三是农村中学在其课程设置中安排农林职业专业课，具体情况上面已经论述，在此不再重复。

10.4.2 构建技术骨干培养机制

以林业职业院校、高等林业院校、林业勘察设计院等为技术支撑单位，针对森林经营面积大的县、乡镇基层林业站和承包大户中选择具有一定学历基础，能吃苦耐劳，能扎根于林业的人员包括县林业规划设计队的人员、基层林业站的人员以及营林大户，或者由林业合作组织推荐具有培养潜力、愿意扎根基层开展森林经营管理的年轻人进行1 ~2 年的不同层次的脱产培养学习。针对具有初中毕业学历、年龄在40 岁以下的进行中等职业学习，获得林业中等专科学历；针对具有高中毕业学历、年龄在35 岁以下的进行高等职业学习或普通高等专科学习。针对具有大专及以上学历的，进行农业推广专业硕士培养。

10.4.3 后备人力资源培养动力保障机制

森林经营管理后备人力资源培养机制的内部要素主要是指政府、林业主管部门、学校、学生以及用人单位。系统内各要素之间相互联系、相互配合、互为动力，政府和林业主管部门在机制内部起着主导作用，他们的积极支持是森林经营管理后备人力资源培养的主要动力。政府要加大对林业类专门技术人才培养的支持力度，对于来源于林区，毕业后愿意返乡工作的大学生实行奖学金、贷学金、甚至免费教育制度，并从中推荐选拔一定比例的优秀本科生免试攻读硕士研究生，从而为林业输送高质量的专业技术人才。在高等林业院校设立林业类专业优秀贫困生专项奖学金，对这些自愿到林区一线工作的林学专业大学本科毕业生，其助学贷款实行国家补贴政策，对于愿意到基层林业站工作的给予公务员待遇；教育部门对林区报考林业类专业定向就业的大学生在录取时给予一定的照顾。参照教育部组织的西部志愿服务，国家林业主管部门和教育部门协调，组织高等林业院校毕业生到集体林区志愿服务，待遇和政策与西部志愿服务相同。

第 11 章

森林可持续经营管理投融资机制

林农在森林经营过程中运用森林可持续经营方案来指导自己的营林生产，是林农森林培育兼顾森林三大效益、实现森林可持续经营目标的有效途径，也是林农森林可持续经营管理的重要体现。而林农森林可持续经营方案的编制与实施需要大量的资金作保障。方案的实施过程实际上就是一个较长的森林培育的过程。从森林培育的经济学特征来看，营林生产中尤其是前期的森林培育需要大量的资金投入，而森林培育资金的周转速度慢，成本回收时间长，最短的工业原料林，生产周期也在 5 年以上，一般大径级材的生产周期长达 25 ~ 30 年。这就要求林农特别是种植大户具有一定的营林资金，而林农作为社会中的弱势群体，自身资金积累十分有限。因此，构建森林可持续经营投融资机制，在资金上保障经营方案编制与实施的顺利进行是林农实现森林可持续经营目标必然而且必要的基本举措，也是森林可持续经营管理机制的重要组成部分。我国林业产业的弱质性决定了某一种融资方式或融资机制安排无法解决林农融资难的困境。因此，本研究从财政性融资、信贷融资、合作金融三个方面来构建针对林农的森林可持续经营投融资机制，同时，为了降低森林可持续经营风险，加大商品林投融资的安全系数，采用森林经营保险机制、森林产品期货市场来控制商品林投融资的风险水平，确保投融资目标的实现。

11.1 专项基金制度的设计

为了解决林农编制森林可持续经营方案的费用以及林农商品林经营过程中资金短缺的问题，应加大森林经营的财政投入，实行政府对森林可持续经营方案的财政支持。因此，以财政投入为主要资金来源的森林可持续经营方案专项基金制度的设计极为重要。

11.1.1 建立专项基金的目的

森林可持续经营方案补贴制度制定主要有三大目的：一是解决林农森林可持

续经营方案编制的费用问题；二是为林农营林生产提供资金、技术、信息等方面的帮助，缓解林农营林生产的资金约束，在资金上保障森林可持续经营方案的顺利贯彻实施；三是将对林农营林生产方面的基金补助与森林可持续经营方案的编制与实施直接挂钩，运用经济的手段引导林农通过联合经营，编制和执行森林可持续经营方案来实现对森林的科学培育，最终实现森林的可持续经营。

11.1.2　建立专项基金的原则

森林可持续经营方案专项基金制度制定要遵循以下三大原则：一是森林可持续经营方案专项基金制度不是惠普制，它的服务对象是参与编制了森林可持续经营方案并严格按其执行的林户，具体补贴时应遵循公开、公平、公正的原则，按照森林可持续经营方案评估的等级实行分等级补贴。二是对林农森林可持续经营方案编制费用的补贴是全额补贴，由国家财政和省财政补贴给县(市)林业局，专门用于林农森林可持续经营方案的编制。具体包括为林农森林可持续经营方案编制而进行的森林资源补充调查费用；编制林农森林可持续经营方案的相关费用。三是对林农执行森林可持续经营方案开展的营林生产补助不是全额补助，每年补助的资金要根据森林可持续经营方案专项基金的数额与编制的森林可持续经营方案的林木的面积而进行相应的测算。

11.1.3　资金来源

广泛的森林可持续经营方案补贴制度包括由国家统一管理的以公共财政支出为主的多种渠道的林业投资。其资金来源主要包括：一是来源于中央、省和地方政府的财政预算拨款。具体内容包括国家科技项目推广资金、国家农业综合开发资金、林业基金基本建设经费、中央财政林业专项经费、国债等。二是来源于社会集资，由于非公有制的商品林还具有生态效益，按照“谁受益，谁补偿”的原则，受益的社会群体应当缴纳森林生态效益补偿费。可以首先对有经营收入的大中型水力发电厂、风景旅游区、林区周围的煤矿、自来水厂、大中型水库、个人及内河航运企业、采集林区野生植物资源等按其经营收入征收一定比例的森林生态效益补偿费。三是集体林的育林基金，从育林基金制度的本质来看，它是一种林业生产性专用基金制度。集体林育林基金主要就是用于竹林复垦、集体林采伐迹地更新以及集体和个人造林育林的种苗补贴、贷款贴息等，将集体林的育林基金纳入森林可持续经营方案专项基金，有利于将对集体和个人的营林生产补助与森林可持续经营方案的编制与执行联系起来。

11.1.4 基金的用途

森林可持续经营方案专项基金主要有4方面的用途：一是对林农编制森林可持续经营方案进行直接补助；二是为编制森林可持续经营方案并且方案评估等级为及格以上的林农提供一定比例的造林成本补助；三是为林农进行营林技术培训支出、林产品市场信息收集的开支；四是为编制森林可持续经营方案并且方案评估等级为及格以上的林农提供优良树种。

11.1.5 基金补贴的方式

就基金补偿的方式来看，本研究针对林农喜爱的补偿方式做了相关的问卷调查。统计数据表明，接受调查的145个林农中，选择直接发放现金的有84个林农，占总数比例的57.9%；选择免费提供技术指导有13人，占样本总数的9.0%；选择贴息贷款的有13人，占样本总数的9.0%。可见，林农最喜欢的补偿方式是直接发放现金。同时，还有一部分的林农能接受除了直接发放现金以外的其他补偿方式，如免费提供技术指导、免费提供培训、贴息贷款以及免费提供优良树种等。从国外一些发达国家的私有林的补偿实践来看，经济补助形式未必是最好的，他们更注重林农在补偿的实施中所能得到的收益，比较注重对现有生产活动有支持和帮助的生态补偿形式。因此，补偿的形式除了经济方面之外，还广泛地采用了技术培训、能力建设、提供就业和信息、赋权、贷款和开拓市场等补偿形式。因此，在考虑我国林农补偿方式意愿的基础上，借鉴国外的补偿经验，森林可持续经营方案专项基金的补偿方式应该结合当地现有的生产实际，探寻以现金补偿为主，税收减免、信贷支持、项目扶持、教育培训、技术指导等其他补偿方式为辅的多种补偿形式，有效提高补偿基金的使用效率和效果，促进生态重要地区的生态、经济、社会协调发展。

表11-1 林农喜爱的补偿方式

方式	频数(户)	有效百分比(%)
直接发放现金	84	57.9
免费提供技术指导	13	9.0
免费提供相关市场信息	5	3.4
免费提供培训	11	7.6
贴息贷款	13	9.0
免费提供优良树种	11	7.6
其他	8	5.5
有效样本合计	145	100.0

数据来源：林农问卷调查的数据统计。

11.2 完善森林可持续经营信贷融资机制

从前面的分析得知集体林权制度改革为林农森林经营投融资创新提供了契机，出现了林权抵押贷款、林业贸易信贷融资这些新型的林农融资手段，在一定程度了缓解了林农信贷融资的约束，但由于起步较晚，存在着一系列的问题，针对其存在的问题，提出进一步完善的对策，以期使它们成为林农融资的重要途径。

11.2.1 完善林权证抵押贷款制度

从前面的分析得知，当前南方集体林区林权抵押贷款成为了林农信贷融资的一种主要方式，但是仍存在着一些问题，如林权贷款期限过短，与林业生产周期不对应；抵押率低、贷款融资成本太高，手续繁琐；林权证抵押贷款存在较大风险；小额林权抵押贷款发展滞后等。因此，就以上存在的问题，对林权抵押贷款制度进行完善和调整，使这种新的金融服务创新模式能发挥其最大的效用，最大程度地缓解林农的信贷约束。

(1)延长贷款期限。在贷款期限的设定上要根据林业自身负债特点，考虑到森林经营收益可以通过间伐和主伐获得的特征。相应地，贷款偿还方式也可灵活确定，实行分期按比例偿还，并根据实际情况做好续贷工作。同时，贷款期限的设置还应与不同林种的经营期限相结合。对于毛竹垦复、速生丰产林的贷款，考虑其中途有间伐收入，贷款期限可以设置为3~5年，对于经营周期在20年以上用材林的贷款，考虑其间有抚育性采伐收入和林下经济收益，贷款期限相应的设计为10~15年。

(2)简化贷款手续，提高贷款效率。金融机构在落实贷款评估和锁定风险的基础上可以适当下放贷款审批权限，减少审批环节，简化贷款手续，缩短贷款过程，提高贷款效率，为林农提供方便，快捷的信贷服务。浙江省丽水市庆元县隆宫乡“林权IC卡”有效地解决了上述问题，值得学习和推广(翁志鸿，2009)。隆宫乡“林权IC卡”主要包括三个关键环节“勘界调查——评估建库——制卡授信”。通过林权信息和资源资产评估结果的数字化处理，建立农户森林资源资产信息数据库，制成以户为单位的《庆元县森林资源资产信息卡》，农村信用社以农户信息卡和信用证为依据，及时为农户提供放贷资金，简化了贷款手续，并有效解决了林权抵押贷款“资产评估难”这个关键环节。

(3)科学调整贷款利率水平。金融机构要根据收益与风险相对称的原则，合理进行信贷品种定价，科学调整贷款利率水平，使调整后的利率既能降低林农负担，调动广大林农贷款的积极性，又有利于银行信贷业务的发展。

(4)对农村信用社信贷员进行培训。对南方集体林区各省农村信用社的信贷员进行相关林业知识的培训。聘请林业部门有经验的专业人士和技术人员对信贷员开展短期培训，培训的内容主要包括木材蓄积量的测算、林业勾图的识别。通过培训，一是使农村信用社的信贷员具有林业勾图识别能力，能确保实地察看的林权与实际设定抵押相符，从而保证抵押的真实性；二是使农村信用社的信贷员具备准确把握抵押林权实际价值的能力，不致完全依赖于评估部门提供的评估报告，从而有利于控制过高地评估成本。

11.2.2 发展林业贸易信贷融资机制

林业贸易信贷融资具有贷款门槛低，贷款期限长，利息少等优势，符合林业生产规律。应针对当前林业贸易出现的问题加以完善和改进，使其当成为林农信贷融资的主要方式。

(1)大力发展林业中小企业的信贷业务。保证林业中小企业的资金充裕是贸易信贷融资的前提条件，为此林业中小企业要成为金融机构信贷的重点之一，破解林业中小企业的信贷约束，继而才能通过企业使金融机构的信贷资金以贸易信贷方式传导到林农手中，真正解决林农的融资难题。而缓解林业中小企业的信贷约束，需做到：一是发展中小银行，扶持民间金融机构。林业中小企业信贷业务适用关系型贷款技术，而在关系型贷款方面具有优势的主要是中小型银行。因此，国家要放松对金融机构的市场准入限制，鼓励内生性金融机构的产生与发展，并给予政策上的扶持与引导。二是完善贷款审批制度。商业银行要根据各分支行信贷管理水平和风险控制能力以及不同地区的实际情况合理确定贷款审批权。对中小企业流动资金贷款的审批权，各商业银行要实事求是地确定，在现有基础上，适当下放。防止由于贷款审批权过度集中或审批环节过多，影响对有效益、有市场、有信用林业中小企业的及时信贷。三是放宽信贷条件。放宽决定授信额度的依据，改变传统的仅仅以中小企业抵押担保的价值决定贷款额度的方式。实行既根据林业企业自有资金数量确定授信额度还可以根据林业中小企业生产经营中可以预见的收入流来判定还款水平和授信额度。同时，还可以尝试根据企业净资产、企业纳税额度等来进行综合授信。在授信额度使用和偿还方式上，可开展整贷零还、分期还本付息、循环贷款、零贷零偿、宽限期分期还本付息等。

(2)政府和林业主管部门的大力支持。通过前面的分析，已经得知“企业所需原料对农户的依赖程度”是影响林产加工企业向林农提供贸易信贷的关键因素。因此，政府以及林业主管部门要采取一系列的有利于双方的措施，创造优良的条件，激起林业企业和林户双方都要结成紧密契约关系的意愿，并且帮助他们实现达成契约关系。为此，一是南方集体林区各县市的林业部门要设立专门机构或人员负责为林农和需要原材料的林业企业牵线搭桥，并且作为合同的见证方，监督双方履行合同，按合同办事。二是政府为向林农提供贸易信贷的林业企业提供一些优惠政策，如减免税收、分配更多的采伐指标等。

(3)充分发挥林业合作经济组织的作用。集体林权改革后，各类林业合作经济组织得到快速发展。林业企业在向林农提供贸易信贷的过程中要充分重视林业合作组织在林农中的地位，建立起“企业 + 合作组织 + 林农”的模式，利用林业合作经济组织这个桥梁，进一步减少交易成本。林业合作经济组织在这个桥梁的功能表现在四个方面：一是对林农开展诚信教育，让林农充分意识到诚信是维护自己与林业企业长期订单关系的基础，也是获取更多收益的必备品质。通过培养林农的诚信品质，实现履约率的提高。二是林业合作组织十分熟悉林农的风险偏好、信誉情况，为林业企业提供信誉情况良好的林农名单，并且鼓励信誉情况良好的林农参与贸易信贷，为双方牵线搭桥。三是作为林农的“家长”与林业企业谈判，为林农谋取更多的收益。四是监督和协助林农和林业企业双方共同履行合同。

11.3　创新林业合作组织合作融资机制

林业合作组织合作融资机制主要是指森林经营合作组织的内部融资，随着我国农村经济的发展，必然会内生出对合作金融制度的需求，合作金融作为合作经济与金融体系的组成部分，在农村具有强大的生命力，能缓解农村金融市场的信息不对称问题，能利用声誉机制，实现制度约束的硬化，还能节约金融机构在合同文本处理、风险确认、监督实施、搜寻成本等方面的交易成本，而且不用承担分支机构、网点的运转费用，与金融机构相比具有明显的比较优势。因此，在我国主要的合作金融机构——农村信用社已名存实亡的情况下，森林经营合作组织应担当起合作融资的重任，成为林农融资的重要渠道。

11.3.1　改善林业合作组织的融资环境

我国的农村金融政策“鼓励县域内设立多种所有制的社区金融机构，允许私有资本、外资等参股。关键是，金融管理部门要相应的引导农村地区金融组织体系不断完善的、具有可操作性鼓励性政策及措施，彻底解除对农民专业合作社融资活动的歧视和压抑政策。为此，一是制定专门的合作金融法，明确规定农村金融的设立和准入制度，包括对林业合作组织融资机制的建立、运作、监管、市场退出等进行相应地规范，从而从根本上解决制约合作组织成员融资的法律限制，促使林业合作组织尽快突破由小到大、由单业互助到混业合作的法律制度瓶颈。二是在监管体制上，林业合作组织的融资监管避免由银监会监管，而是由中央政府设立相应的金融管理机构对其进行监管，创建一个结合我国农村融资实际情况的农村合作金融自律组织。加强风险监管，建立林业合作金融组织危机处理机制和风险防范预警系统，并且建立适合我国农村合作金融特点的政策扶持体系和风险补偿机制。

11.3.2 吸引民间借贷向合作内部聚集

民间借贷又称“个人信用”或“民间信用”，是指企业、团体或个人之间绕开官方正式金融体系而直接进行的借贷活动的行为。民间借款数额庞大，是林农融资的主渠道。相关资料表明(东方财富网 http://finance.eastmoney.com/news/1345，20130627301341066.html)，2012 年中国民间融资超过 3 万亿元，并延伸出第三方支付、认证、评估、催收等服务市场，全国小贷公司已近 7000 家，村镇银行 1700 多家，典当行 6000 多家。

但是，绝大多数民间借贷的形式不规范，操作模式不合理，运作风险大。还有相当比例的“高利贷”形式，利率很高，农民负担大，需要合理的引导和规范。而林业合作经济组织基本上是由地缘较近的林农组成的社会团体，所有成员之间相互比较了解，包括他们的诚信情况、资金状况、风险偏好等。因此，林业合作组织可充分利用他们的这些独特的人际关系资源和组织优势，逐步引导林农将极不规范、风险较大的民间借贷转向相对规范、风险小、利于监管的合作融资机制。促使林农在合作组织内部实现融资互助，进而将合作组织建成农村合作金融中心，然后在合作社平台上开展林户信用评级和信用联保，从而与现有银行体系实现对接和互补，建立起良性循环的融资机制。

11.3.3 加大林业合作组织内部的集融资

林业合作经济组织应大力发展和规范合作的金融业务，充分发挥林业合作组织合作融资的职能。为此，一是增加林业合作组织成员自身的投资。林业合作组织成员自身的投资是合作组织最原始的基金积累。林业合作经济组织最初的资金就是其组织成员交纳的会费和股金。一般来说，协会主要是收取会费，合作社收取股金。许多林业合作经济组织的成员只需交纳少量的身份股就可以拥有合作经济组织的一切权利。鉴于会费和股金所能筹集的资金有限，林业合作经济组织还应当通过公积金制度和红利、盈余挂账的办法筹集资金。即将林业合作组织生产或销售的盈余分配所得留在合作组织内，转为股金或存款形式继续发挥作用。同时，还可以通过允许合作组织的成员突破股金额度的最高限制，或要求合作组织的成员在规定的期限之后才能支取股金。这样的话可以在一定时期内把合作经济组织所需的资金留在组织内部，促进组织的发展壮大，部分解决资金缺乏问题。二是开展以组织成员为主的信贷业务。中央金融管理机构在对林业合作经济组织实施监管的同时，要借鉴日本发展合作社的经验，允许林业合作组织开展以组织成员为主的信贷业务。日本法律准许农协自办信用事业，日本农协可以组织农协会员手中的剩余资金，开展以农协会员为对象的信贷业务，而信用业务盈利的资金再补贴到其他对农民服务的融资活动中。同时，为了保证全国各地农协的资金充裕，日本农协还设置了中央金库，负责实现合作组织之间的资金融通。因此，我国也应该允许林业合作组织以较高的优惠利率吸引组织成员的闲散资金，并以优惠条件面向其成员发放贷款，从而使林业合作组织成为其成员信贷的主要途径。这样既解除了林业合作组织的资金困境又能为林农提供较低利息的贷款。

11.4 完善森林可持续经营风险防范机制

森林培育风险太高是造成林农森林经营投融资困境的关键原因，因此，降低和转移森林经营的风险是缓解林农森林经营投融资约束的有效途径。为此，应当大力发展森林保险事业和林产品期货市场。

11.4.1 完善政策性森林保险制度

11.4.1.1 逐渐开展符合本地实情的多种森林保险险种

我国森林保险中许多地区已开设综合险，但仍有不少地区基本上开设的是具有普发性且操作简单易行的森林火灾险，这显然不能满足多样化的市场需求，也远远落后于当今森林保险的发展趋势。世界上许多森林经营以及森林保险发展地较好的国家如日本、瑞典、芬兰、美国等国家开办森林保险业务的共同点是：由单一灾害险种逐步扩大业务范围，发展到综合险种，也就是由原来仅开展火灾保险，扩展到后来包括风暴、干旱、霜冻、鼠害等综合灾害以及附加险等。我国森林保险的险种开发在借鉴国外森林保险险种开发的经验上结合本国各地的具体实际，采取减免税费等措施激励保险公司开展考虑当地森林灾害基本情况的多险种，多形式的森林保险业务。一是鉴于2008年发生低温雨雪冰冻灾害给我国林业造成的严重经济损失，并且时有发生，应当考虑增加包括风灾、水灾、雪灾、旱灾、冻灾等的气象灾害。二是设立综合性险种，森林经营过程中受自然气候条件和人为因素的影响较大，风险具有不确定性。综合性保险的设立能有效地解决林农因投保项目单一所造成保险公司不能理赔的困境，综合险种可适当提高保费及保额，同时要考虑政府补贴标准，管理上要出台相应措施。三是在森林保险中增设附加险。以森林火灾为例，在灭火的过程中造成人员伤亡事故的机率比较高。因此，建议在参保森林火灾保险的同时将林农的人身意外伤害保险作为附加险列入保险范畴，充分体现保险公司的社会责任。通过森林保险险种的拓展，完善我国的森林保险体系结构。为降低道德风险，在增加森林保险品种的同时还应设定多级费率，以满足不同经济水平林户的要求。同时保险公司应实行防赔并行的策略，积极投入资金采取一些防范措施。

11.4.1.2 加大森林保险的政策法规建设

加强森林保险的法制建设，及时制定森林保险方面的相关政策，是加快发展森林保险的保障。鉴于当前森林保险方面的专门法律还很少，部分林业法律滞后于林业市场经济发展的事实，需要加快森林保险方面的立法。同时，考虑到森林保险不同于农业保险的显著特点即可续保期长、灾后的观察期长以及费率制定与农业保险不同，森林保险应独立于农业保险单独立法。部分法律法规要依据新形势的需要进行相应地修改，譬如规范当前开展的政策性森林保险，避免政府支持森林保险的随意性。为此，以法律形式明确森林保险由政府支持的政策性，明确政府在森林保险中应发挥的职能和作用。同时，规范森林保险的经营主体、参与主体、受益主体的权利和义务关系。

11.4.1.3 提高林农参与森林保险的意识

由于保险经营遵循大数原理，承保面小必然导致风险难以分散。这样的话既难以降低保险成本和降低参保门槛，激发投保需求，也会直接打击保险公司开展森林保险的积极性。因此，必须提高林农的森林保险意识，扩大森林保险的覆盖范围。而林农参与森林保险的意识淡薄的障碍在于对森林保险的认知不深、保费高于林农的承受能力。因此，要提高林农参与森林保险的意识主要就是针对其障碍进行相应的改进。

一是提高林农对森林保险的认知程度。要对广大林农宣传森林保险法律制度以及相关的森林保险知识，明确保险的重要性和作用，提高林业经营者的风险意识和主动投保的自觉性。为此，各地林业部门和保险公司要采取多种形式尤其是广大林农乐于接受的形式开展森林灾害保险的宣传，通过宣传，使林农了解森林保险的目的、意义，增强保险意识。同时，要通过及时认真的理赔服务等，树立良好的形象，取信于民，提高林农参加保险的积极性。

二是加快国家政策性林业保险制度的建设。保费高于林农的承受能力是导致林农参与森林保险意识淡薄的关键因素。要降低保费，关键需要国家财政的大力支持，公共财政扶持是构建森林保险体系的必要条件。为此，需对当前我国政策性森林保险进行相应地改进和推广，从而满足广大林农的实际需要。根据实际调研的情况，要充分调动林农森林投保的积极性，国家政策性森林保险在目前补贴的基础上还需进一步改善：①加大财政补贴力度。根据调研实践中林农的心愿结合我国财政的经济实力，可参照农业保险的补贴比例，对公益林的保费应该由政府全额补贴。争取中央财政和省级财政的补贴，取消县里的配套补贴。②建立风险准备金制度。建议国家安排一定资金设立保险风险准备金，建立森林保险风险共担机制，提高防范重大灾害能力，促进森林保险可持续发展。③尽快在全国集体林区范围内推广政策性森林保险，扩大投保面。

11.4.2 逐步发展林产品期货市场

2003 年的集体林权制度改革导致我国南方集体林区的营林主体演变为千千万万的林户，相应地，营林产业也呈现出高度的分散性。而我国农村的生产力水平还比较低，经济落后，这就决定了我国林农从事林业经营的主要目的是追求经济利益的最大化，营林的商品性特征显著，林农森林经营的风险控制愿望也逐渐加强。因此，要鼓励林户参与林产品期货市场，学会利用期货信息指导营林生产和规避风险。

11.4.2.1 鼓励林农通过合作组织的形式参与林产品期货市场

由于林农自身能力、生产特点与林产品期货市场发展的不相适应，具体包括林农小规模的营林生产与大宗期货交易的不相适应；林农资金少与林产品期货市场高额交易的矛盾；林农受教育程度低下与林产品期货要求交易者具有较高的文化层次，具备一定的期货交易知识不符。这就决定了林农不宜直接进入林产品期货市场，在这方面可以借鉴美国的经验，通过森林经营合作组织间接进入林产品期货市场。林农结合自己的实际情况以及对未来林产品价格走势的判断，与合作组织签订协议，合作组织再进入期货市场进行保值。林农与合作组织之间的协议实际上只是一种订单，主要用于规避价格风险，而林业合作组织与期货市场紧密结合，是主导大宗林产品流通的重要机制。为此，林产品期货交易所及工商局等相关部门提供政策支持，积极培育森林经营合作组织，形成“公司 + 中介组织 + 农户”的组织模式。同时，要加强对合作组织的会员及林农进行期货理论及有关具体业务的培训。帮助会员以及农民搜集市场信息，让他们能及时了解林产品期货行情和未来价格预期，并从中选择一些较佳时机出售，实现套期保值规避价格风险。

11.4.2.2 开发符合我国现实经济活动需要的林产品期货品种

我国期货品种数量稀少，林产品期货的品种更少，仅天然橡胶、胶合板和纤维板3个品种。而期货市场交易品种的单一性不仅会限制投资者的选择空间，缺乏对投资者的吸引力。并且，它容易引发期货市场的系统性风险——巨额资金积聚到少数几个品种上，造成市场过度投机，酿成一些恶性事件。如我国的“上海胶合板9607事件”，就是因为巨额资金逐利于胶合板期货市场，结果造成市场的过度投资引发的恶果。

因此，应当改变当前林产品期货品种单一的问题，加快期货品种上市机制建设，不断丰富林产品期货品种，完善林产品期货品种结构。但是，国外期货市场发展的经验都证实了期货品种的开发、上市不是一次简单的选择，必需考虑到品种的特征、市场情形、产业发展状况及其对国计民生的影响等多方面的因素。品种的创新更替速度快，有其自身的发展规律性。因此，对于我国林产品期货上市的问题，必需遵循期货市场的自身规律，借鉴国际上的成功经验，结合国内的实际情况，在遵循制度环境，比较优势以及现实经济活动需要的三大原则的基础上找准方向，充分做好上市前的可行性研究，大胆试点，争取在我国开发出成功的林产品期货品种。

11.4.2.3 各省因地制宜建立林业期货市场

南方集体林区各省的林业部门要因地制宜，联合有关部门，利用和创造有关条件，积极建立林业期货市场。为此，一是分批、分期、分层次建立林业期货市场。各省的林业部门在取得国家林业局主管部门支持后，联合有关部门包括工商、财政以及税务部门等率先在本省林业经济相对发达的地区建立林业期货市场，进行试点，得出经验后再逐步推广到全省的其他地区。二是要分层次和不同发展阶段逐步建立初期、中期、现代期货市场。所谓初期期货市场，主要是签订远期合同，中间人对买卖双方的订货和交货进行担保，监督和保证双方遵守合同。所谓中期期货市场，是以最终实质交割为主，以买空卖空的单纯合同交易为辅。它是随着远期合同标准化、交易集中化和规范化而产生的。而现代化期货市场主要的交易目的是实现保值和投机，它主要以经纪人交易为主以及买空卖空的合同交易为主。这类期货市场可以带动前两类期货市场与资金市场的发展，是解决林业发展资金不足的主要途径。三是建立林业期货市场的章程和规则。章程是期货市场行为的规范，是基本文件。它规定期货市场的组织机构、原则、业务活动范围和方式以及市场的发展方向，对外公开申明期货市场的宗旨、资本、货物情况，买卖者的权利义务以及一系列为公众所了解的内容。

附件1　各级林业主管部门调查资料清单

一、省林业厅调查资料清单

1. 有关森林经营方案编制与执行、森林合作组织、森林投融资及森林经营管理人才培训(包括林业主管部门人员、基层林业站工作人员，林业调查规划设计人员以及林农培训)的地方法规及相关文件。

2. 省最新森林资源清查数据(最新的森林资源调查报告)。

林业用地面积	规划生态公益林	
	规划商品林	
有林地面积	林分	
	经济林	
	竹林	
活立木总蓄积		
森林覆盖率		
森林面积		
森林蓄积		
灌木林面积		
人工林面积		
人工林蓄积		
2012 年林业总产值		

3. 省林业调查规划设计单位基本情况的统计(有关资质等级、学历、职称结构等的统计)。

4. 省林业经济合作组织的统计资料(包括数量、类型、简介等)。

5. 省林改后针对林农经营林业的投融资政策(如小额信用贷款、抵押贷款等)。

6. 省林改总结的资料。

二、省林业厅森林经营方案主管部门的调查

1. 森林经营方案编制与实施的省主管机构是：(　　)

2. 请谈谈林权改革后森林经营方案的编制问题和林改前有什么不同？本省目前有没有开展林农森林经营方案编制工作？

a) 如果没有开展林农森林经营方案编制工作，为什么还没有开展？就本省的林情来看，

您认为林农森林经营方案编制与实施过程中最大的障碍是什么？对于开展林农森林经营方案有什么好的建议？有没有相关的计划？

b）如果开展了林农森林经营方案编制工作，林农森林经营方案的编制问题是如何实施和落实的？（主要是编制人员，编制费用，编制单位，编制规模，编制的组织形式，编制的具体程序，保障措施）

①森林经营方案编制人员有何规定？编制人员有何资质要求？

②林农森林经营方案的编制费用是如何解决的？（自筹？免费？还是国家补助一部分？）

③林农森林经营方案编制的具体程序和步骤？

3. 森林可持续经营方案与以前森林经营方案相比，“可持续性”具体表现在哪些方面？林农的森林经营方案如何考虑森林的可持续性？

4. 省林农森林经营方案编制的统计情况。

5. 林农森林经营方案中一类编案、二类编案和三类编案的范本。

三、县(市)林业局，乡、镇基层林业站的调查

1.《2010～2012年县(市)林业统计报表》

2. 县(市)森林经营方案编制的统计情况。

3. 基层林业站对林农经营方案编制与实施所起的作用？

4. 乡镇森林经营合作组织的统计情况。（乡镇林业合作组织的数量、规模、类型、服务内容、服务方式等）

5. 您认为当前森林经营方案编制与实施最大的障碍是什么？有什么建议？

附件 2　林农情况调查表

一、林农森林经营方案编制与实施基本情况调查（林农问卷调查表一）

1. 林农的基本情况

姓名	
家庭成员	
教育程度	
政治面貌	
年龄	
从事林业劳动力数量	
参与森林经营方案编制的林种	
参与编制林种的面积	
用材林面积	
2012 年的经济收入	
2012 年营林的经济收入	

教育程度：1. 文盲；2. 小学；3. 初中；4. 高中；5. 中专；6. 大专；7. 本科。政治面貌：1. 党员；2. 非党员。编制的林种：1. 用材林；2. 经济林；3. 竹林；4. 公益林。

2. 您了解什么是森林经营方案吗？

A. 很了解　　B. 略知一些，不是很清楚　　C. 完全不清楚

3. 您了解什么是森林可持续经营吗？

A. 基本了解　　B. 略知一些，不是很清楚　　C. 完全不了解

4. 您了解什么是森林的生态效益吗？

A. 基本了解　　B. 略知一些，不是很清楚　　C. 完全不了解

5. 您的林地愿意参加森林经营方案的编制吗？

A. 愿意　　B. 不愿意

不愿意的原因是：（　　）

A. 不了解森林经营方案是什么　　B. 好处不明显

C. 编制森林经营方案要交费　　D. 自己规模太小，没有必要

E. 缺乏落实森林经营方案的营林技术　　F. 其他（请注明）

6. 您的林地参加了森林经营方案的编制了吗？

A. 参加　　B. 没参加

①若已参加，参与编制的方式是什么？

A. 林农单独编制　　B. 联户编制　　C. 参与合作组织的编制

D. 村联合编制　　E. 乡(镇)联合编制　F. 县统一编制(　　)

G. 参与其他形式的编制(请注明)__________

②编制森林经营方案的资金花费是多少？

A. 免费　　B. 花费了(　　)钱；其中林农花费了__________；政府或林业主管部门花费了__________。

7. 您能看懂并能理解已编制好了的简明森林经营方案吗？

A. 完全看的懂　　B. 略知一些，不是很清楚　　C. 完全不清楚

8. 森林经营方案中涉及到的森林经营措施如造林、抚育间伐、采伐更新等是自家经营还是请他人(或其他组织)经营？

A. 自家经营　　B. 合作组织　　C. 其他组织形式，请注明__________

9. 您参与了森林经营方案编制与实施的哪几个阶段？

A. 森林经营方案的编制　　B. 森林经营方案的实施

C. 森林经营方案的评估　　D. 森林经营方案的监督检查

10. 通过森林经营方案的编制，您家得到了下列什么好处？(按得到好处的大小在 1、2、3、4、5 中选一项打“√”)

	没有好处	好处很小	好处一般	好处较大	好处很大
① 明确了采伐量、方式及时间	1	2	3	4	5
② 提高了森林经营水平	1	2	3	4	5
③ 提高了森林经营的收入	1	2	3	4	5
④ 节省了劳动力	1	2	3	4	5
⑤ 有利于获得营林资金	1	2	3	4	5
⑥ 有利于森林的长久使用	1	2	3	4	5
⑦ 有利于资金借贷	1	2	3	4	5
⑧ 有利于技术培训	1	2	3	4	5
⑨ 增强了风险抵御能力	1	2	3	4	5
⑩ 明确了抚育间伐时间以及措施	1	2	3	4	5
⑪ 明确了造林时间和造林数量	1	2	3	4	5
⑫ 明确了营林的资金花费	1	2	3	4	5
⑬ 明确了营林的收入	1	2	3	4	5

11. 您认为森林经营方案执行过程中必需要解决以下的哪些问题？(请在您认为必须要解决的问题选项后打“√”)

A. 营林资金缺乏的问题　　B. 营林技术缺乏的问题

C. 保持政策稳定性的问题　　D. 合作组织高效运行的问题

E. 参与森林经营方案的评估和监督

二、林农营林生产技术的基本调查
（林农问卷调查表二）

1. 您在营林方面是否运用了传统的营林技术？

A. 是　　B. 否

如果运用了传统的营林技术，有哪些？（请注明）__________.

2. 您除了传统的营林技术外，还通过专门培训或学习掌握了某一方面的营林技术吗？

A. 是　　B. 否

若已掌握了营林技术，请在你掌握的具体的营林技术后打“√”

A. 造林技术　　B. 病虫害防治技术

C. 某一种林产品培育技术　　D. 采伐更新技术

E. 抚育间伐技术　　F. 森林火灾防治技术

3. 您需要林业主管部门、政府等相关部门给您提供营林生产技术的指导或培训吗？

A. 需要　　B. 不需要　　C. 无所谓

4. 若有林学院的大学生愿意免费为您提供营林技术培训，您愿意接受他们的培训吗？

A. 愿意　　B. 无法接受　　C. 无所谓

5. 您需要提供哪些方面的营林技术指导？（请在您需要培训的营林技术后面打“√”，若有关相关营林技术方面的服务，您愿意出多少钱？）

营林技术的项目	需要培训	愿意付出的价格（或要求免费）
造林技术		
森林采伐更新技术		
森林抚育间伐技术		
病虫害防治技术		
森林火灾防治技术		
非木质林产品培育技术（如香菇培育技术、茶叶种植技术方面、柑橘栽培技术等）		
其他（请注明）		

6. 您在林地清理过程中采用什么营林技术？

A. 利用法　　B. 带腐法

C. 堆腐法　　D. 炼山

7. 您在防治森林病虫害的过程中经常选用的方法是？

A. 化学农药　　B. 生物农药防治

C. 物理防治包括灯诱、设置饵木、捕捉、砸卵等

8. 您对技术指导、培训有什么建议与要求？

三、林业合作组织基本情况的调查
（林农问卷调查表三）

1. 您愿不愿意参加林业合作组织？

A. 愿意　　　　　B. 不愿意　　　　　C. 无所谓

若您愿意参加林业合作组织，您希望参与哪些形式的林业合作组织？（可以多选）

A. 股份合作林场　　　　　B.“三防”专业协会或林业理事会

C. 家庭联户经营　　　　　D. 林业专业协会

E. 其他，请标明__________；

2. 若已参加，请简单介绍所参加的林业合作组织的情况

林业合作经济组织名称	
加入方式(编码1)	
加入时间	
会费(元)	
股金	
本组织户数(户)	
发起者(编码2)	
服务内容(编码3)	
服务方式(编码4)	
是否制定章程，组织活动是否完全按章程实施	
组织内部决策的方式(编码5)	
合作组织覆盖的范围(编码6)	
得到政府部门哪些方面的帮助(编码7)	
加入者的受教育程度(编码8)	
是否愿意吸纳更多的社员加入该组织(编码9)	
技术人员的数量(其中高级、中级、初级以及无职称人员各自数量)	

编码1：(加入方式)①自愿主动(　　)；②村集体统一组织(　　)；③其他(请注明)__________。

编码2：(发起者)①县乡政府；②科协；③农民自发；④村干部(以村的名义)；⑤经纪人；⑥种植大户；⑦农、林企业；⑧其他(请注明)__________。

编码3：(服务内容)①森林经营技术指导(包括那些技术指导请表明)；②为组织成员编制森林经营方案；③开设防火线、防治病虫害及其他森林保护设施；④为组织成员办理林业贷款，需要时为会员提供担保；⑤为会员提供市场信息；⑥开设组织成员林业经营上所需的林道及其他共同利用设施；⑦指导会员合理科学的经营森林，提供各类培训；⑧林产品销售；⑨其他(请注明)__________。

编码4：(服务方式)①外部聘请技术人员指导；②合作经济组织的技术骨干；③会员间交流；④小册子或黑板报；⑤统一销售；⑥统一采购；⑦其他(请注明)__________。

编码5：①一人一票；②理事会决定；③会长决定；④不需要决策；⑤其他(请注明)__________。

编码6：①本村本乡；②本乡跨村；③本县跨乡；④本市跨县；⑤本省跨市。

编码7：①技术扶持；②信息帮助；③资金补助；④贷款帮助；⑤物质扶持；⑥培训指导；⑦没有任何扶持；⑧其他(请注明)__________。

编码8：①文盲及半文盲；②小学；③初中；④中专、高中；⑤大专及以上。

编码9：①愿意；②不愿意；③有选择性的加入

3. 通过林业合作经济组织，您家得到了下列什么好处？（按得到好处的大小在1.2.3、4、5中选一项打“√”）

	没有好处	好处很小	好处一般	好处较大	好处很大
①统一购买生产资料	1	2	3	4	5
② 森林经营技术指导	1	2	3	4	5
③ 提供“三防”服务	1	2	3	4	5
④ 为会员提供市场信息	1	2	3	4	5
⑤ 为会员提供各种培训	1	2	3	4	5
⑥为会员森林经营方案的编制	1	2	3	4	5
⑦ 为会员办理林业贷款，提供担保	1	2	3	4	5
⑧ 节省了劳动力	1	2	3	4	5
⑨ 联合销售，提高了销售价格	1	2	3	4	5

⑩ 其他好处(请注明)______________________

4. 您希望林业合作组织提供哪些服务？（请您在您希望的服务的项目后面打“√”）

为森林经营提供技术服务(包括植树造林技术、抚育间伐技术、采伐更新技术等)	
开设防火线、防治病虫害及其他森林保护设施	
为组织成员办理林业贷款，需要时为会员提供担保	
为会员提供市场信息	
开设组织成员林业经营上所需的林道及其他共同利用设施	
指导会员合理科学的经营森林，提供各类培训	
林产品销售	
其他(请注明)______________________	

四、林农信贷情况的调查
(林农问卷调查表四)

1. 您2009年至2012年这3年期间营林资金筹集的方式是什么？

A. 自家解决，不需要借钱　　B. 营林资金缺乏，需要借钱

2. 若您2009年至2012年这3年期间曾借钱经营森林，请问您具体的融资渠道有哪些？

A. 向亲朋好友借贷　　B. 林权证抵押贷款

C. 小额信用贷款　　D. 林业企业贷款

E. 林农联保贷款　　F. 向林业合作组织贷款

3. 您2009年至2012年这3年期间是否申请过农村信用社贷款？

A. 是　　B. 否

①若没有申请，没有申请贷款的理由是什么？

A. 不需要，自己有钱　　B. 有更方便的融资渠道

C. 不需要借钱，怕有压力　　D. 手续太麻烦

E. 利率太高　　F. 缺乏符合要求的抵押品

G. 家庭收入低　　H. 贷款期限太短

I. 其他　　J. 待确定

②若已申请，是否获得贷款？

A. 是　　B. 否

③是否获得申请的全额贷款？

A. 是　　B. 否

4. 您如何评价林权证抵押贷款？（请填下表，①是；②否）

对林权抵押贷款的评价	是或否
是否感觉比非林权证抵押贷款更容易	
贷款额度是否满足生产需要	
贷款期限是否与生产需要相匹配	
利率是否偏高	
抵押贷款手续是否麻烦	
审批期限是否感觉过长	
抵押林权的评估是否便利	
评估费用是否过高	
其他(请注明)	

5. 您认为开展林业补贴调动您进行林业生产积极性的程度如何？请在您认可的选项中打“√”)

A. 程度很大　　B. 程度较大

C. 程度一般　　D. 可有可无

6. 请您选择您最喜爱的林业补贴形式（　　）

A. 直接发放现金　　B. 免费提供技术指导

C. 免费提供相关市场信息　　D. 免费提供培训

E. 贴息贷款　　F. 免费提供优良树种

G. 其他

参考文献

[1]蔡文春. 关于福建省“十一五”森林经理期经营方案编制若干问题的探讨[J]. 华东森林经理，2005，(2)：1~3.

[2]邓华峰. 南方集体林股份合作制：森林经营管理的研究[D]. 北京：北京林业大学博士学位论文，1998：77~79.

[3]邓华锋. 中国森林可持续经营管理研究[M]. 北京：科学出版社，2008.

[4]东方财富网 http：//finance. eastmoney. com/news/1345，20130627301341066. html

[5]董庆余. 关于芬兰私有林政策的考察报告. 见：秦凤翥、王汉生. 国外林业技术考察报告选编(1986). 哈尔滨：东北林业大学出版社(内部发行).

[6]高洁. 以森林经营方案为核心的管理途径研究[J]. 农业科技通报，2009(2)：135~138.

[7]高兆蔚. 搞好编案，强化实施，努力提高我省森林科学经营管理水平[J]. 华东森林经理，1998(3)：13~17.

[8]郝吉海，尹永健. 新时期森林可持续经营方案编制与实施的建议[J]. 林业勘察设计，2007(3)：13~14.

[9]何美成. 以森林经营方案为平台和纽带建立森林资源管理新模式的探讨[J]. 林业资源管理，2006(6)：4~10.

[10]胡万良，常淑芬，金鑫，等. 辽东山区森林经营管理问题与对策[J]. 辽宁林业科技，2007(6)：40~44.

[11]寇文正. 积极工作，努力开拓，推进森林经营方案工作不断发展[J]. 林业资源管理，1997(6)：3~8.

[12]李春干，陆兆苏. 森林经营方案实施评估方法的研究[J]. 林业资源管理，1994(4)：33~38.

[13]李玲，王瑞杰. 浅谈今后森林经营方案编制的深度和广度[J]. 内蒙古林业调查设计，2004，12：99~100.

[14]李荣. 试论社区参与森林资源管理中的赋权问题[J]. 林业与社会，2004(4)：1~3.

[15]李月清. 浅谈永安市森林经营方案的实施和编制[J]. 华东森林经理，1998(1)：34~36.

[16]李志斌. 编制森林经营方案的意义和要点[J]. 现代化农业，2008(8)：26~28.

[17]李祖贻，洪端芳. 福建省集体林权制度改革后森林资源经营和采伐管理的对策[J]. 林业资源管理，2006(6)：12~15.

[18]林杰，陈荣富. 森林经营方案实施效果评价[J]. 华东森林经理，1993(2)：51~55.

[19]刘金龙. 中国参与式林业的简要回顾和展望[J]. 林业科技管理，2004 (1)：28~30.

[20]沈月琴，徐秀英，吴伟光. 浙江省林业专业合作经济组织发展对策研究[J]. 浙江林业科

技，2005(2)：79～84.
[21]施本俊. 森林经营方案中的若干问题[J]. 中南林业调查规划，1994(3)：31～34.
[22]孙玉刚，徐德斌. 德国的森林资源经营与管理[J]. 山东林业科技，2004，(6)：98～99.
[23]谭智心，孔祥智. 集体林权制度改革后林业合作社发展的思考——福建省永安市林业合作社调查报告. 中国农业信息网，http：//www. caein. com/index. asp? xAction = xReadNews&NewsID = 70130
[24]唐小平. 模糊综合评审法在森林经营方案实施效益评价中的应用[J]. 林业勘察设计，1998(2)：52～55.
[25]唐小平，张浩荣，翁国庆. 关于林业规划设计调查和森林经营方案编制有关规定修订的探讨[J]. 中南林业调查规划，2001，20(增刊)：114～117.
[26]王春峰. 应用参与式方法编制集体林经营方案初探[J]. 林业资源管理，2006(4)：12～16.
[27]王永安. 森林经营方案编制和管理中几个问题与对策[J]. 林业资源管理，1998(3)：53～57.
[28]王振升. 浅谈森林经营方案和林业局总体设计[J]. 林业资源管理，1995(1)：34～35.
[29]温良生，罗扬. 贵州集体林森林经营方案编制探讨[J]. 四川林勘设计，1996(2)：36～38.
[30]熊卫国. 对编制集体林森林经营方案的几点基本设想[J]. 中南林业调查规划，1998(2)：64.
[31]薛有祝. 关于森林经营方案编制及其执行情况的调研报告[J]. 林业资源管理，1994，(4)：24～27.
[32]颜文希，甄学宁. 对雷州林业局等四个国有林场(局)森林经营方案执行情况评估报告[J]. 林业资源管理，1995(1)：36～39.
[33]杨帆. 广东省森林经营方案实施情况浅析[J]. 中南林业调查规划，1993(1)：32～34.
[34]叶善文，雷文渊. 试论南方山地林区森林经营方案编制与实施：以福建省漳平市为例[J]. 林业经济问题，2006，26(6)：566～569.
[35]于政中. 森林经理学[M]. 北京：中国林业出版社，1991：187～188.
[36]詹昭宁. 对我国南方集体林区森林经理的反思与对策[J]. 林业资源管理，1988(2)：25～27.
[37]张剑，唐小平. 森林经营方案实施效益评价方法的研究[J]. 林业资源管理，1999(6)：31～36.
[38]张剑，唐小平. 森林经营方案执行情况评定方法的研究[J]. 林业资源管理，1994(3)：35～40.
[39]张少丽，邓学忠. 如何提高森林经营方案质量[J]. 林业勘察设计，1994(4)：40～41.
[40]郑小贤，张新欣. 国内 FSC 森林认证结果分析研究[J]. 北京林业大学学报：社会科学版，2008，(3)：26～31.

[41]祝列克，章红燕，等. 赴澳大利亚考察报告[J]. 林业工作研究，2007，(1)：31~34.

[42]http：//fjforestry. gov. cn/document. asp? docid =4148

[43]http：//www. forestry. gov. cn/distribution/2007/01/30/zygl -2007 -01 -30 -45. html

[44]http：//www. lknet. ac. cn/page/framelimit. cbs? ResName = mrxw

[45]paul V. Ellefson Michael A. kilgore and James E. Granskog Govermment Regulation Of Forestry Practices onPrivate Forest Land in the United States：An assessment Of State Government Responsibilities and program Performance[J]. Forest Policy and Economics，2006，7(3)：18.

[46]Sedjo，A. R. Comparative views of different stumpage pricing systems：Canada and U. S. Forest Science (in press).

[47]Victoria Government Department of Natural Resources and Environment. Forest management plan for the Central Highlands[R]. Melbourne，Australia，May 1998.

[48]Victoria Government Department of Sustainability and Environment. Forest management plan for the Gipp sland [R]. Melbourne，Australia，June 2004.